박정희 비자금
우리 통장에 있어요(1)

서정화, 박주선, 윤증현은 무슨 짓을 한 거냐?

박정희 비자금 우리 통장에 있어요(1)

초판 1쇄 발행 2022년 5월 23일

저 자 한 영 순
편집자 고은광순
펴낸이 구 주 모

디자인편집 해딴에
유통마케팅 정원한

펴낸곳 도서출판 피플파워
주소 경남 창원시 마산회원구 삼호로 38(양덕동) 경남도민일보
전화 (055)250-0190
홈페이지 www.idomin.com
블로그 peoplesbooks.tistory.com
페이스북 www.facebook.com/pepobooks

ISBN 979-11-86351-22-2(03910)

박정희 비자금
우리 통장에 있어요(1)

서정화, 박주선, 윤증현은 무슨 짓을 한 거냐?

9. 처절하게 짓밟힌 자구책

10. 돈세탁은 이제 그만 통장을 파헤쳐라

추천사 1
우희종(서울대 교수, 사회대개혁지식네트워크 상임대표)

〈박정희 비자금 우리 통장에 있어요〉는 박정희 시절부터 지금까지 꾸준히 내려온 정치 비자금 일부를 밝혀 주고, 어떻게 관리되어 왔는 지를 엿볼 수 있게 한다. 금융실명제가 도입된 이후 막대한 정치 비자금의 운용은 수조 단위의 차명 계좌들을 필요로 했고, 이를 둘러싼 권력을 지닌 정치인들의 모습이 국정원이나 검찰과의 연계 속에 차분하게 드러난다.

다루고 있는 주제의 특성상 일종의 음모론으로 치부되기 쉽고, 경우에 따라서는 특정인의 입장에서 기술된 것이기에 객관적 사실과는 거리가 있다고 여겨질 가능성이 높다. 하지만 저자가 제시하고 있는 증빙 자료의 충실함과 더불어 과거 박정희 시절부터 현재에 이르기까지 누구나 쉽게 공식 확인할 수 있는 인물들의 등장이 있기 때문에 최소한의 객관적 상황 파악이 가능하다. 더욱이 지금도 활동 중인 잘 알려진 현역 정치인들을 포함해 유명인들의 실명과 그들의 행위가 구체적으로 언급되어 있기에 단순한 상상과 허구로 치부할 수 없다.

무엇보다 박정희 시절부터의 비자금 관리를 위한 차명계좌가 800개 이상이며, 100조가 넘는 통장을 가진 사람이 9명이라는 구체적 자료가 차명계좌 주인들의 주민등록번호와 함께 제시되고 있다. 그래서 이 책의 내용에 대해서는 나름 신빙성이 확보되어 있다고 할 수 있다. 이 책에서 제기된 비자금 차명계좌에 대한 총체적 파악은 특정 권력 세력의 개입이 없다면 언제고 충분히 확인 가능할 것이다.

물론 이 책에 등장하는 정치 현역 인물들은 우리 사회에 기생하는 100년 적폐 세력 중의 극히 일부이자 돈 냄새를 맡고 부나비처럼 달려들어 뜯어간 주변 인물에 불과할 수도 있다. 그러나 저자의 문제 제기를 공정하고 투명하게 확인하는 과정이 진행된다면, 우리 사회를 병들게 하는 적폐 세력의 근간이 되는 돈의 정체는 형성되는 과정과 함께 보다 큰 규모에서 정체가 드러날 수 있다는 점에서 흥미롭다. 이를 위해서도 현재 진행 중인 검찰 정상화가 긍정적으로 작동되기를 희망해 본다.

한편, 비자금을 확보하고 활용하려는 정치권력에게 이용당한 한 가족사의 비극은 해외동포 일가가 세대에 걸쳐 겪은 내용을 다룬 소설 '파칭코'의 또 다른 형태를 연상케 한다. 책의 행간에서 해방 후 역사와 정치의 소용돌이에서 겪게 된 일가의 아픔과 비극을 살펴볼 수 있으면 더 좋을 것 같다.

끝으로 전문 작가에 의한 글이 아니다 보니 거칠거나 표현의 부족함이 있지만 저자의 문제의식과 느낀 감정을 함께 느낄 수 있다. 또 우리 현대사를 관통하는 적폐 세력의 비자금 관리의 단면을 엿볼 수 있다는 점에서 일독을 권한다. 바라기는 이를 통해 향후 진상 규명 활동에 대한 많은 동참을 기대한다. 그것이 우리 사회를 병들게 하고 있는 100년 적폐 세력을 청산하기 위한 작은 한 걸음이기 때문이다.

추천사 2
임진철(직접민주주의마을공화국 전국민회 상임의장)

독사의 새끼들!

이 말은 예수께서 악행을 일삼는 무리들에 대해 퍼부은 독설이다. 〈박정희 비자금 우리 통장에 있어요〉를 읽으면서 "세상에 이럴 수가!"란 가벼운 신음과 함께 손이 부들부들 떨렸다. 동시에 '독사의 새끼들'이란 독설을 퍼부었던 청년 예수의 모습이 떠올랐다.

대형 부동산투기에는 박정희 비자금이 동원된다는 이야기들이 지하의 저류로 흘러 다닌 지 오래이다. 이제 독사의 새끼들의 흑역사가 이 책을 통해 피해자의 증언에 의해 적나라하게 드러나고 있다.

이 독사의 새끼들의 흑역사를 어떻게 정리하느냐의 여부가 대한민국이 선진국 도약의 길로 가느냐 아니면 추락의 길로 가느냐의 여부를 가르는 분기점이 될 것이다.

대한민국은 대단한 나라다. 30년 만에 산업화와 민주화를 동시에 이룬 나라다. 세계 유례가 없다. G7 국가라는데도 서민 대중은 어째서 죽겠다고 아우성일까? .

지금 한국은 1%의 인구가 부동산의 55%를 차지하고 10%의 인구가 96.4%를 차지하고 있다. 그래서 90%의 서민 대중은 3.6%의 부동산에서 희망을 찾으며 살아야 하는 기막힌 현실에서 살고 있다. 아무리 몸부림쳐도 헬조선 신양반제 사회의 늪에서 벗어날 수 없는 것이 현실이다.

파리경제대학 세계불평등연구소는 기관지 〈World Inequality Report 2022〉에서 한국이 OECD 선진국 가운데 불평등지수가 1위 국가임을 알렸다. 저출산율·자살률 OECD 국가 중 세계 1위에 이어 불평등지수도 세계 1위가 되었다. 이런 불평등지수 OECD 국가 중 세계1위인 현실에서 자살률과 저출산율이 세계 1위인 것은 어쩌면 당연한 일인지 모른다.

대한민국은 도약과 추락의 가능성을 동시에 가진 나라이

다. 대한민국이 박정희 비자금의 흑역사가 지속적으로 재생산되며 이를 유지·온존시키는 부패 탈법의 기득권 카르텔의 숨통을 끊어내지 않고는 선진국으로의 도약이 불가능하다. 왜냐하면 그들만의 부패 탈법 기득권 카르텔이 천문학적 부동산투기의 저수지와 사금고 역할을 하며 부동산투기공화국으로 만들어오는 데 일등공신 역할을 해왔기 때문이다.

부패 탈법 약탈의 원조인 박정희 대통령이 비명에 간 지 수십 년이 지나고, 소위 민주진보정부가 3차례 집권을 했는데도 박정희 비자금 부패 탈법 잔치는 여전히 활개를 치고 다녔다. 그럴 수 있었던 까닭은 무엇일까?

그것은 무소불위의 부패 정치검찰과 보수 땃벌떼 언론과 수구보수 정파의 삼각동맹이 굳건했기 때문이었다. 또한 '부패 탈법을 잘 조지면 영웅적 승진을 하고 덮으면 퇴직 후 전관예우로 수십억 수백억을 번다.'는 무소불위의 부패 정치 검찰들의 공식이 통했기 때문이다. 그런데 지난 5월 2일 수사권과 기소권을 분리시키는 검찰정상화법이 통과됨으로써 더 이상 그들의 공식이 통하지 않게 되었다.

검찰정상화법에 이어 이제는 박정희 비자금의 흑역사를 온 국민 앞에 드러내고 그 흑역사의 패거리들을 '국민법정'에 세워 국민적 심판과 함께 사법적 단죄를 해야 할 것이다. 이때 비로소 한국이 선진국으로 가는 문턱을 넘지 못하도록 발목을 잡아 왔던 부패 탈법 기득권 카르텔을 끊어내는 계기를 만들 수 있을 것이다.

지금 한국은 선진국으로 가느냐 추락하느냐의 갈림길에 서 있다. 부패 탈법 엘리트 기득권 카르텔을 끊어내고 암덩어리를 제거해야 한다. 그럴 수 있을 때 추락의 가능성은 없어지고 도약의 가능성으로 나아갈 수 있을 것이다.

나는 온 국민이 이 책을 통하여 지독한 불평등의 현실을 만들어낸 부패 탈법 약탈의 기득권 카르텔의 민낯을 볼 수 있었으면 한다. 그리하여 국민들이 깨인 시민의 조직된 힘으로 부상하였으면 좋겠다. 특히 현대사의 흑역사를 모르고 자라온 청소년들이 읽고 이들이 주역이 되는 시대의 반면교사로 삼았으면 좋겠다. 그리고 왜 한국사회가 이 지경이 되었는지 이유도 모른 채 헬조선의 현실에 대한 분노 때문에 NO 결혼 & NO 출산 파업을 하는 청년들이 꼭 읽고 헬조선을 넘어서기 위해 토론하는 책이 되었으면 좋겠다.

나는 소망해본다. 이 책을 읽은 국민들이 들불처럼 일어나 1만명 10만명 100만 명의 국민소송단을 만들어 국민법정을 운영하며 사법적 단죄를 이끌어내는 것을….

<박정희 비자금 우리 통장에 있어요>의 출판을 계기로 부패 탈법 기득권 카르텔을 해체하는 대장정은 시작될 것이다.

추천사 3
김민웅('촛불승리! 전환행동' 상임대표. 전 경희대 교수)

 박정희에게 비자금이 있다는 소문은 오래되었다. 그러나 그 실체는 오리무중이었다. 이른바 통치자금이라는 이름의 이 비밀에 싸인 돈이 박정희 사후(死後)에는 누구의 손에 들어가 어떻게 쓰였는지도 알 길이 없었다. 그런데 이 책은 바로 그 실체의 일부를 우리에게 고발하고 있다. 게다가 이 돈의 핵심은 남의 돈을 강탈한 것이라는 점이다.

 강탈한 돈으로 통치자금을 쓴다는 것은 어쩌면 박정희 정권의 본질이자 숙명이었을 것이다. 나라가 일제에 강점당했을 때 박정희는 만주 독립군을 토벌하는 일제 관동군으로 부역했고, 해방된 다음에는 난데없이 남로당의 일원으로 군대 내에서 암약하다가 여순 사건 당시 동지들의 명단을 내주고 살아났다. 그런 그가 1961년 군사쿠데타로 나라를 거머쥐었으니 강탈과 배신은 그 삶의 원칙이었다. 비루한 자의 인생이다.

 이런 인물이 국가 원수가 되고 타인의 재산을 빼앗아 자신의 것으로 삼는 것은 자신에게는 자연스러웠겠지만, 당하는

쪽에서는 일생일대의 크나큰 비극이 아닐 수 없다. 이 책에 등장하는 저자 한영순 씨의 가족이 치른 고통과 감당했던 운명은 바로 그걸 증명해주고 있다. 어디 거기에서 그쳤겠는가? 이로 말미암아 국민 전체가 겪은 질고는 이루 말할 수 없었다.

책은 생생한 서사(敍事)로 되어 있다. 어떤 일들이 벌어졌고 누가 주도했으며 무슨 사건들이 이어졌는지 그대로 기록되어 있다. 이건 한편의 뛰어난 르포 문학이면서 또한 가감 없는 역사의 기록이자 이 시대의 절박한 증언이다. 그건 감출래야 더는 감출 수 없는 박정희, 그리고 그가 휘두른 통치권력의 야만을 그대로 드러내 주고 있다. 그에 더하여 누가 어떤 통곡을 쏟아내야 했는지 절절한 울림을 지니고 있는 저서다.

이 책을 읽으면서 누군가는 이게 과연 사실인지 묻게 될 것이다. 바로 그 질문이 우리가 원하는 시작이다. 사실인가? 실체가 있단 말인가? 누가 피눈물을 흘렸는가? 어떤 세력들이 이 진실을 은폐하고 계속 침묵 상태가 되기를 원하는가?

그래서 이 책은 '위험한 책'이다, 저들에게는. 그러나 우리에게는 '소중한 목소리'다. 이 목소리는 오늘의 역사가 왜 이렇게 비틀거리고 있는지, 어찌해서 악의 꽃은 시들지 않고 계속 저렇게 자신들을 세상에 과시하면서 번창하고 있는지 그 까닭을 알게 해줄 것이다. 함께 책의 출판에 애를 써주신 고은광순 선생에게도 감사를 드린다.

원래 주인에게 돌아와야 할 재산은 어디 이 박정희 비자금 뿐이겠는가? 민주주의가 심대하게 위협받고 있는 이 시대에 우리는 역사의 진실이 더는 땅속에 파묻히지 않도록 해야 할 것이며, 그로써 세상이 바로 서도록 해야 할 것이다. 우리가 찾아야 할 기본권은 음험한 권력이 빼앗아가는 그 모든 것들이다.

시민의 권리뿐만이 아니라 민족의 자주권에 이르기까지 우리가 앗긴 것들을 도로 찾아와야 한다. 땅을 빼앗기니 봄마저 빼앗길 지경이다. 봄과 땅을 모두 고스란히 우리의 것으로 돌려놓도록 해야 한다. 진실은 우리를 자유롭게 하리라. 그 전에 먼저 진실을 자유롭게 하자. 여기에 그 자유를 외치는 목소리가 담겨 있다.

추천사 4
최수연(평범한 민주시민. 개딸)

 이 끝이 없는 적폐들과의 싸움을 끝낼 수 있는 표적을 정확
하게 가리키는 책이다.
 대한민국의 자유민주주의와 정의와 공정과 상식을 바로 세
우기 위해 용감히 싸우고 있는 우리 형제자매들에게 더없이
소중한 나침반이 되어 주는 이 책을 이 시대의 개혁 시민 여
러분들이 부디 많이 읽어주시고 같이 싸워주셨으면 한다.
 도움이 될 지는 모르지만 어려운 투쟁의 길을 결코 소수가
힘들게 가도록 두고 싶지는 않다. 같이 승리하고 같이 승전
보를 울립시다!

프롤로그- 부모님께 이 책을 바칩니다

.

   살인마 박정희는 애국자이며 뛰어난 사업가이신 내 아버지를 죽음으로 몰아넣고 아버지의 재산까지 강탈해갔다. 그는 권력욕 때문에 주변인들을 파멸시킨 광기 서린 사기꾼이었다. 불행하게도 박정희 18년의 장기집권과 전두환 7년으로 이어진 군부독재는 이후 하나회, 중앙정보부(안기부, 국정원), 양지회, 현재의 국민의힘당까지 부역자들을 키워왔고 그들이 드리우고 있는 검은 그림자는 정치, 경제 분야를 넓게 오염시키고 있다.

   내 어머니는 뼈까지 애국자인 남편을 만나 가냘픈 몸매로 7남매를 낳으셨으나 남편을 원통하게 잃고 오직 자식을 위해 희생하셨다. 이 세상 어디에 내 어머니만큼 억울하고 참혹한 심정으로 80세를 사신 분이 또 계실까?

어머니는 자식을 지키기 위해 '임금님 귀는 당나귀 귀'란 말씀을 차마 못하시고 가슴에 피멍이 들고 서릿발이 맺혀 피말라 돌아가셨다. 오로지 자식들을 지키려고 한 맺힌 절규를 내지르지도 못하고 노심초사하며 사신 어머니의 80년을 누가 보상할 수 있을 건가.

  이 책을 통해 말하려고 하는 것은 최고권력이 어떻게 자기의 탐욕을 채우기 위해 국민을 농락하고 말려 죽이려 했는지를 폭로하는 것이다. 중요한 것은 그것이 과거의 일로 끝나지 않고 부역자들에게 엄청난 돈줄을 쥐어주어 현재까지 한국의 경제를 좀 먹고 있으며 그대로 두면 앞으로도 한반도의 미래를 망쳐놓을 것이라는 데에 있다. 대한민국은 이 문제에 대해 시급히 해답을 찾아야 한다.

1. 내 부모님

어머니는 내 거처에 머물며 3박 4일을 펑펑 우셨다. 며칠 동안 털어놓는 어머니의 엄청난 말씀을 들으며 나는 가슴에 멍이 들 수도 있다는 것을 태어나 처음으로 알게 되었다.

1) 영순아, 커텐 닫아라!-3박4일 이어진 어머니의 통곡

1979년 12월 8일 둘째 토요일. 박정희가 총에 맞은 지 한 달이 지난 때였다. 부산에 계신 어머니가 나를 찾아오겠다고 주인집 전화를 통해 기별을 하셨다. 당시 25세였던 나는 대구의 예식장, 레스토랑 등지에서 피아노 반주로 생활하고 있었다. 서로 아는 장소에 열쇠를 두고 4시 경 자취방으로 돌아오니 어머니는 방에서 화투패를 떼고 계셨다.

"엄마 화투 한판 칠까요."

"그래 한판 치자."

"갑오육백 한판에 100원이요."

"그래. 막내야, 텔레비 좀 켜 봐라."

텔레비전에서는 박정희 대통령 전체 생을 조망하는 다큐멘터리인지 육영수 여사의 사망 이야기도 다루어지고 있었다. 어머니는 이내 TV에 몰두하셨다. 어머니가 사 오신 생선에 무를 썰어 넣고 맵지 않게 생선조림을 해서 밥상을 차렸다. 어머니는 식사를 하면서도 TV에서 눈을 떼지 않으셨다.

"물 좋아하는 사람은 물에 빠져 죽고, 칼 좋아하는 사람은 칼 맞아 죽고, 박정희 저 간나새끼는 총을 좋아해서 총 맞아 죽었다. 저 간나새끼 천벌을 받아 총 맞아 죽었다."

나는 깜짝 놀라 어머니를 쳐다보았다. 대통령 보고 간나새끼라니? 어머니의 입에서 그렇게 험악한 말이 나오는 건 예전에는 보지 못했다.

"문 다 닫아라. 커텐도 치고."

엄마의 사나운 표정은 잠시, 엄마는 곧 흐느껴 우셨고 분위기가 심상치 않게 돌아갔다.

"엄마 정종 한 병 사 올까요?"

"그래라."

아버지 제사상에 술 따르고 음복할 때 어머니가 정종 한 잔씩은 드시는 모습을 보았기에 얼른 가게에 가서 정종 한 병을 사 왔다. 어머니가 무겁게 입을 여셨다.

"막내야. 너에게 미안하다. 네가 어릴 때 너를 언니 집으로 심부름을 보내면 네가 안 가겠다고 하는데도 엄마 말 안 듣느냐고 크게 혼내고 그랬지, 미안하구나. 이제 그 일을 사과한다."

어머니는 내 거처에 머물며 3박 4일을 펑펑 우셨다. 며칠 동안 털어놓는 어머니의 엄청난 말씀을 들으며 나는 가슴에 멍이 들 수도 있다는 것을 태어나 처음으로 알게 되었다.

3박 4일 동안 내게 하신 이야기를 어머니는 그동안 언니들에게 터놓고 풀어놓은 적이 없다고 하셨다. 막내에게 털어놓기까지 어머니는 딸 넷에게서 아무 기대도 할 수가 없었던 모양이었다. 이전에는 어머니가 울 때 영문도 모르고 따라 울었지만 3박 4일의 통곡 이후 어머니가 슬픈 얼굴을 하실 때면 어머니의 가슴 속으로 흐르는 피눈물을 느낄 수 있게 되었다. 그럴 때마다 어머니에게 도움이 되지 못하는 나의 무력함에 한없이 울었다. 어머니의 속사정을 다 듣게 된 나는 언젠가는 어머니 눈물의 진실을 다 밝혀 어머니의 한을 풀겠다고 다짐했다.

2) 아버지는 함흥의 유관순

"막내야, 네 아버지는 독립운동을 하셨단다. 이북의 유관순이었다."

아버지 한희승은 1905년 함흥 신창리에서 한순봉의 둘째 아들로 태어나셨다. 아버지의 셋째 작은아버지(한순태)는 독립군이었고 아버지는 그의 지시로 독립군에게 물품을 전달하는 등 독립운동하는 분들의 심부름을 맡아 하고는 했다. 1919년 3월 1일, 전국적으로 독립 만세운동이 일어날 때 아버지는 6년제 학교인 영생고보에 다니던 15세 학생이었다. 평소 어린 녀석이 독립군의 심부름을 한다는 것을 알았던 일본군 순사가 독립 만세 부르는 아버지를 연행하여 차에 태워 경찰서로 끌고 가려고 했다. 그걸 본 작은할아버지와 독립군들이 일본 순사 차에 돌을 던져 앞 유리가 깨지자 독립 만세 부르던 주민들이 달려들어 합세했다. 일본 순사가 독립군을 잡으라고 소리치며 차에서 내려 뛰어갈 때, 아버지는 차에서 탈출하여 비밀 아지트에서 작은할아버지를 만났다. 작은할아버지는 아버지에게 일본으로 가서 공부하라고 하면서 챙겨온 여비를 건네주셨고 아버지는 그 길로 일본으로 도피해 그곳에서 공부를 하셨다.

아버지는 돈을 벌면서 고학으로 열심히 공부하여 대학에서 토목을 공부하고 11년이 지난 26세 때 고향인 함흥으로 돌아오셨다. 2년 뒤 함흥에서 독립군 지인이 부잣집 딸인 수원 백씨네 처녀, 열아홉의 백금남을 아버지께 중매했다. 어머니의 집안은 개신교를 믿는 부잣집이었는데 일제의 종교 탄압이 심했다.

"네 아버지가 처음 장인(외할아버지)을 만나러 왔을 때 사랑채에서 기다렸단다. 내 몸종인 갓난이가 사랑채에서 기다리고 있는 네 아버지 얼굴을 몰래 보고 나한테 와서 '아씨 새신랑 되실 분이 체격도 좋고 얼굴도 잘 생기셨다'고 했지. 나도 몰래 사랑채로 가서 신랑감이 내 아버지에게 인사하고 나가는 모습을 보았단다. 처녀가 신랑 얼굴 보려 애쓴다고 갓난이가 어찌나 나를 놀리던지."

아버지는 당시 그 지역 최고의 신랑감이었는데 어머니 또한 뒤지지 않았다고 한다.

3) 부모님은 함흥의 갑부

어머니의 집은 함흥에서 제일가는 부잣집이었다고 한다. 천석군, 만석군의 맏딸로 태어난 백금남이 6살 때 남동생이 태어났고 그로부터 남동생 다섯이 더 태어나 1녀 6남의 귀한 맏이가 되었다. 어머니를 포함해 7남매는 집 안에 서당 훈장님을 초대해 공부했다.

어머니는 결혼 후 친정 근처에서 살았는데 친정에서는 딸 몫의 땅뿐만 아니라 유모, 노비 등 식솔들을 딸려 보내주었다. 아버지는 함경북도 회령에서 금광을 하셨고 금이 많이 나와 엄청난 돈을 벌었다고 한다.

아버지는 문이 104개인 집을 지었고 당시에 일반 집은 100원 정도 저당을 잡았는데 아버지의 집은 동일은행에서 2백만 원 저당 잡을 정도의 크고 잘 지은 집이었다고 한다. 아버지는 하루다구미라는 토목공사 하청업도 했는데 직공이 200명이나 되었고 흥남제련소에 납품을 하기도 했다. 아버지는 북에서 엄청난 사업을 벌이고 계셨다.

4) 해방 후 고향을 떠나다

첫딸 한영자가 태어나고 다섯 살쯤 되자 일본에서 유치원이라는 선진교육기관을 보았던 아버지는 딸의 교육을 위해 유치원을 지어 마을에 기증했고 장모 장인(외할머니 외할아버지)이 다니는 허름한 교회를 부수고 아주 멋진 건물을 지어 교회에 기증하셨다.

1945년 해방이 되어 김일성 정권이 부자인 아버지에게 돈을 내라고 요구하자 1946년 아버지는 38선 남쪽 서울 을지로에 혼자 내려오셨다. 다음 해, 어머니는 서울로 내려와 아버지에게 사업자금을 전하고 고향으로 돌아갔다. 누가 고발을 했는지 보안대에서 나와 '남반부 갔다 왔냐?'고 어머니를 추궁하며 '월요일에 가족 모두 데리고 보안대로 나오라.'고 하더란다.

그날 밤, 어머니는 떡양푼을 이중바닥으로 만들어 아래쪽에는 금을 담고 위에는 떡을 해서 담았다. 다섯 아이의 옷을 찢어 다시 허름하게 꿰맨 다음 노비들과 유모의 도움으로 38선을 넘은 뒤 남으로 남으로 이동했다. 아버지를 만난 뒤 어머니는 곧바로 남대문에서 쌀장사, 구호물자 장사를 하셨다.

5) 6.25 전쟁이 터지자 거제도 군부대 안에 식당 운영

1950년 6.25 전쟁이 터졌다. 북에서 온 실향민들은 잡히면 모두 배반자로 낙인찍혀 처형될지 모른다고 두려워하며 일 찌감치 최남단 거제 부산 등으로 피난을 갔다. 부모님은 거 제도에 집을 마련했고 어머니는 재빨리 미싱으로 군복 등 옷을 수선하거나 만들어 팔았다. 어머니는 러시아어도 잘했고 중국어도 소통이 가능했다. 집 근처에 32경비대대 부대장이 던 강 대위라는 사람이 살았는데 부모님이 자본금도 웬만큼 가지고 있고 중국어에도 능통한 것을 알고 7월부터 아직 제 대로 모양도 갖추기 전인 거제도 양정 포로수용소 안에서 포 로로 잡힌 군인(인민군, 중공군)들 상대로 밥장사를 할 수 있도록 주선해 주었다. 얼마나 돈을 잘 벌었던지 텐트에서 깔고 있던 가마니의 지푸라기를 빼서 돈을 묶었는데 가마니 가 하루에 1개씩 없어질 정도로 많은 돈을 벌었다. 주체할 수 없는 헌 돈은 다 불에 태워버렸다.

2. 박정희를 만나다

박정희 소령을 아버지께 소
개한 부대장(강 대위)은 술
자리에 아버지를 자주 초대
했다. 돈이 없는 군인들이 술
자리를 자주 가지려니 물주
가 필요했을 것이다.

1) 박정희, 부모 앞에 나타나다 (1950)

이 무렵이었다. 강 대위는 자기 상관인 박정희 소령을 아버
지에게 소개했다. 부모님 모두 박정희를 지칭할 때는 늘 '박
소령'이라고 불렀다. (박정희는 1948년 11월 육군본부 작
전정보국에 근무하던 중 남로당 군사총책으로 여순사건에
연루되어 감옥생활을 했다. 무기징역을 받았으나 백선엽에
게 조직을 털어놓고 감형을 받아 1949년 1월 강제예편 당했
다. 1950년 6월 전쟁이 터지자 소령으로 현역에 복귀, 1950
년 9월 15일 중령으로 진급해서 육군본부의 수송지휘관을
맡았다. 10월 육영수를 소개받았고, 12월 대구에서 피난 와
있던 육영수와 재혼했다. 한영순의 부모는 오랫동안 박정희
를 '소령'으로 기억하고 호칭한 것으로 보아 1950년 9월 15
일 이전에 거제도에서 처음 만난 것으로 보이며 당시 박정희
의 주 활동지는 대구, 부산 언저리였던 것으로 보인다. *편
집자 주) 당시 박정희 소령을 아버지께 소개한 부대장(강 대
위)은 술자리에 아버지를 자주 초대했다. 돈이 없는 군인들
이 술자리를 자주 가지려니 물주가 필요했을 것이다. 애주가
이신 아버지는 박정희 소령, 박정희의 대구사범학교 동창인
서정귀(현 국민의힘 상임고문 서정화의 재종형. 전 호남정유
사장) 등과 술자리에 자주 어울리셨다.

1950년 거제 포로수용소. 북의 인민군, 중공군이 대부분이었다. 부모님의 식당은 도트 준장이 있던 사무실 앞을 지나 700~800미터 위쪽에 있었다.

포로들 상대 장사는 한계가 있는 것이어서 보다 안정적인 돈벌이를 위해 부모님은 얼마 지나지 않아 부산의 가야동으로 집을 옮기고 금사동에 있는 공병대(측량, 도로건설, 교통 등을 전담하는 부대), 총포재생창, 타이어재생창, 양정경비대대 등지에서 민간인 식당(PX)을 하셨다. 당시에는 가난하여 군인에게 지급되는 비상식량(씨레이션)을 먹지 않고 상인에게 팔아서 가족의 생활비로 쓰는 경우가 많았다. 개개인이 PX로 가져와 맡겨놓으면 아버지가 팔아 대금을 지불했다. 언제부터인가는 박정희의 지시로 PX 사장인 아버지가 부대장에게 씨레이션 전량을 매입하여 부산 국제시장에 팔았다고 한다.

박정희는 자주 장교식당으로 아버지를 찾아왔는데 위 네 사람은 자주 술자리에서 어울렸다. 특히 아버지와 박정희, 서정귀 세 사람은 일주일이면 한두 번은 지프차를 타고 외부로 나가서 고급스러운 식당에 가서 술을 마셨는데 계산은 항상 아버지 몫이었다. 아버지는 김정구의 두만강, 고복수의 짝사랑 등을 박정희로부터 배웠고 아버지는 집에 돌아와 어머니 옆에서 즐겨 이 노래들을 부르셨단다.

2) 구두를 닦아 아버지 앞에 놓아주던 박정희

박정희는 열두 살 위인 띠 동갑 아버지를 극진히 대했다. 박정희는 아버지를 '선생님'이라 부르며 충성을 맹세하였고 아버지가 자리를 뜰 때 박정희는 재빨리 아버지 구두를 닦아서 잘 신을 수 있도록 가지런히 놓아주었다. 박정희는 관계가 스스럼없이 되자 아버지에게 자신은 대통령이 될 것이라며 대통령이 되면 남북통일하여 아버지가 고향 함흥으로 돌아가 이북에 두고 온 많은 재산을 찾을 수 있도록 해 드리겠다고 장담했다.

술좌석이 잦아지면서 박정희는 자기가 대통령이 될 준비를 하기 위해서는 돈이 필요하니 빌려달라고 아버지에게 간청했다. 박정희의 부하 강 대위는 자기 상사의 야망을 일찌감치 알고 있었고 주변에 돈이 많다고 알려진 아버지와 의도적으로 인연을 맺을 수 있도록 역할을 한 것이다. 아버지는 박정희와 함께 총포재생창장, 타이어재생창장 및 군 수뇌부하고도 자주 술자리를 하셨다. 아버지는 함께 술 마시고 노래하며 이미 절친한 사이가 된 터에 그의 부탁을 거절할 수 없었다. 게다가 대통령이 되어 북에 있는 막대한 재산도 찾아주겠다고 약속하지 않았던가. 아버지는 박정희의 공손함과 확고한 약속에 매료된 후라 아내가 우려를 표했음에도 불구하고 돈을 빌려주지 않을 수 없었다.

3) 광목치마 자루에 담아서 3년간 건넨 돈

아버지는 흰 광목치마로 만든 커다란 자루에 흰 광목 끈으로 묶은 돈을 담아 1953년부터 한 자루씩 1955년까지 일 년에 한 번씩 세 번을 건넸다고 한다. 박정희는 어머니가 일하시는 사병식당에도 찾아와 사모님 신세 잊지 않겠다고, 깊이 허리를 숙여 여러 차례 인사했다. 함께 술을 마실 때면 박정희는 대통령이 되겠다고, 서정귀는 기업체 사장이 되고 싶다는 이야기들을 했고 아버지는 박정희를 응원하는 것은 물론 서정귀를 위해 박정희에게 '저분은 기업체 사장이 되는 것이 꿈이라니 기업체 사장이 되도록 꼭 도와주시라.'고 응원해주셨다.

(박정희가 대통령에 당선된 이후 서정귀는 자기 꿈대로 1967년 호남정유 사장이 되었다. 아버지가 돌아가신 뒤 어머니는 박정희에게 부탁해 장조카인 한윤채를 호남정유에 취직시켰다. 그러나 한윤채의 처제는 후에 박정희의 사주를 받아 엄마를 구속시키는 결정적 역할을 한다.)

4) 아버지를 죽음으로 몰아간 박정희(1956)

1956년 4월 2일(음) 백동기 중사의 결혼식에 아버지도 박정희도 참석하였다. (박정희는 당시 준장으로 사단장을 하다가 1955년 겨울 예기치 않은 폭설로 장병들이 사고를 당하자 문책성 대기발령을 받고 진해의 육군대학에 입교한 상태였다. *편집자 주) 군부대 안에는 친 박정희파와 반 박정희파가 있었다. 아버지는 반 박정희쪽 지인들로부터 과거 박정희가 일본 장교 때 독립군을 총으로 잔인하게 쏴 죽인 이야기도 듣고 그밖에 그가 행한 부도덕한 짓들을 많이 알게 되었다. 기대가 크게 무너져 실망한 아버지는 엄마에게 그는 대통령이 되기에는 적합하지 않은 인물이라고 수차례 말씀하셨다고 한다. 그리고는 더 이상 돈을 빌려주지 않고 돌려받으려고 하셨다.

그날 결혼식장에서 아버지는 박정희와 크게 언쟁을 한 모양이었다. 아버지는 크게 분노한 채로 집에 오셔서 어머니에게 이렇게 말씀하셨다고 한다.

"박정희, 저 간나새끼, 아주 뻔뻔하고 배은망덕하고 양심이 없는 새끼요. 제가 아쉽고 답답할 때 종놈처럼 조아리더니 이제 와서는 제가 상전인 것처럼 내게 으름장을 놓고 말이요. 대통령 감도 안 되는 놈에게 돈을 빌려준 게 너무 후회

가 되오. 저건 대통령 되고 싶어 환장한 미친놈일 뿐이제이
요."

이렇게 말씀하신 뒤 방으로 들어가신 아버지는 자리에 누
우셨는데 저녁 식사를 위해 어머니가 아버지를 깨우려 했을
때 아버지는 이미 돌아가신 뒤였다. 뒤늦게 도착한 의사는
심장마비라고 했다.

주변 사람들의 말에 따르면 4월 2일(음) 결혼식장에서 박
정희와 아버지 사이에 언쟁이 있었다고 한다. 아버지는 박정
희가 일본군 장교 때 저질렀던 불미스러운 일들에 대해 옳지
않다고 말씀하셨고, 박정희는 자기는 군부대 지휘관이니 민
간인인 아버지는 자기 말에 따라야 한다고 명령조로 말했단
다. 굽신거리며 돈을 빌려 가던 예전과 달리 박정희는 많이
오만했고 아버지는 이에 대해 몹시 분노하셨다고 했다. 당시
군 관계자들 사이에서는 돈 빌려간 박정희가 채권자인 한희
승을 죽게 만들었다는 소문이 은밀히 퍼져나갔다.

5) 전쟁 통에 후방에서
   대통령 될 궁리만 하던 박정희(1950-1956)

어머니는 아버지가 돌아가시자 하늘이 무너지는 것과 같은
큰 충격을 받으셨다. 어머니는 1958년 12월까지 서너 군데

운영하던 군부대 PX를 다 정리하셨다. 1958년부터 미국은 한국군의 감축을 요구했는데 당시 전쟁 이후 사회적 지위가 높아진 군인들은 박정희가 속한 육사 8기생 중심으로 고위 장성의 부패, 승진 적체 현상을 공격하기 시작했다. 부모님이 처음 만났을 때 소령이었던 박정희는 그 무렵 소장이 되어 있었다. 어머니 말로는 한국전쟁 내내 부산에서 근무했던 박정희는 전투에 나가거나 전쟁에 이길 생각보다 대통령이 될 궁리만 했다고 한다. 아버지에게 막대한 돈을 뜯어낸 박정희는 1960년 4.19, 1960년 9월 등 호시탐탐 쿠데타를 일으킬 생각을 하다가 드디어 1961년 5월 16일 계획을 성공시켰다. 2년 후 선거를 통해 대통령 자리를 꿰어찼을 때 어머니는 '저놈이 드디어 우리 돈으로 대통령이 되는구나.'라고 생각하셨단다.

3. 어머니의 고난

어머니가 박정희에게 만나자
고 연통을 하면 박정희는 득달
같이 지프차를 보내주었다. 그
리고는 어머니 손에 찔끔찔끔
푼돈을 쥐어 주었다. 그런 날,
어머니는 쇠고기를 사다가 연
탄불로 불고기를 구워 주셨다.

1) 어쩌다 불고기도 먹었지만

아버지가 돌아가신 후 우리 가족(어머니, 명순 언니, 춘자 언니, 경채 오빠, 나)은 당감동에서 시집간 영옥 언니 가족이랑 같이 살다가 1964년(초등 3학년 때) 충무동 판잣집으로 이사했고 1966년 충무동 기와집으로 옮겼다. 경채 오빠는 아기와 아내를 맡기고 군에 입대했다.

어머니는 군부대에서 식당 하실 때 군인에게 빌려준 돈 등 외상값 장부를 가지고 계셨다. PX를 정리한 이후에는 지인들이 외상값을 받아다 주었는데 어머니의 사례를 받은 그들은 어머니 편에서 박정희의 근황도 알려 주었고 조언도 아끼지 않았다. 박정희는 1960년 1월에 부산에 군수기지사령부가 생기자 소장 직위로 초대 사령관이 되었다. 어머니가 박정희에게 만나자고 연통을 하면 박정희는 득달같이 지프차를 보내주었다. 그리고는 어머니 손에 찔끔찔끔 푼돈을 쥐어 주었다. 그런 날, 어머니는 쇠고기를 사다가 연탄불로 불고기를 구워 주셨다. 그때 어머니는 고기를 집어 먹는 우리들을 바라보며 세상 행복한 미소를 지으셨다. 그러나 우리에게 더 익숙한 어머니의 얼굴은 어두운 그림자를 드리운 채로 깊은 한숨을 쉬시던 모습이다.

어머니 백금남(1967년)

2) 이후락의 방문

박정희가 1963년 대통령이 되었을 때 가장 먼저 어머니를 찾아왔던 것은 박정희의 비서실장 이후락이었다. 박정희는 아버지 한희승에게서 빌린 돈이 시간이 한참 흐른 뒤에도 그 아내인 우리 어머니 백금남의 재촉으로 가시처럼 느껴졌을 때 이에 관해 이후락 비서실장과 의논했던 모양이다. 이후락 실장은 자신이 알아서 관리하겠다고 말했다고 한다.

이후락은 박정희 부하 중의 하나였는데 부모님이 부산에서 PX를 할 때 가끔 박정희와 동행을 했던 모양으로 이미 오래 전부터 부모님을 뵈어 알고 있다고 말하더란다. 어머니는 이후락의 손을 붙잡고 '그런 인연이 있었다니 고맙고 반갑다. 박정희 대통령을 잘 보살펴달라. 그리고 대통령에게 이야기해서 우리 문제를 잘 해결해 달라.'고 부탁을 했다. 이후락은 이모저모를 살펴보고 돌아갔다. (이후락은 1963년 박정희 정권 초기부터 1969년 10월까지 6년간 비서실장으로 일했다. 잠시 일본대사로 나가 있다가 1970년 12월 다시 중앙정보부장이 되어 박정희 곁으로 돌아왔다. 오래도록 박정희 옆에 있었으니 한희승과의 돈거래에 대해 소상히 알고 있었을 터였다. *편집자 주)

3) 박정희 선거운동원이 되었던 어머니

1967년. 박정희는 재선을 위한 준비에 한참이었다. 두 명의 남자가 소고기를 묵직하게 사들고 집으로 찾아왔다. 조용히 대화를 하고 싶다고 해서 우리 형제들은 다 쫓겨나다시피 밖으로 나와 기다렸다. (박정희가 죽고 나서야 어머니는 그들이 중앙정보부 직원들이라고 내게 말씀하셨다.) 그들은 빌려간 돈을 받으려면 박정희가 다시 대선 승리를 해야 한다며 최대한으로 표를 모아달라고 어머니에게 사정을 했다고 한다. 박정희 대통령을 한 번만 더 믿어보라고 하며 다시 대통령이 되어야 원만하게 돈을 줄 수가 있고, 어머니도 편히 돈을 쓸 수가 있다고 했다.

그들이 얼마나 정성스럽게 설득했던지 어머니는 그날 이후 박정희의 재선을 위해 발이 닳도록 실향민들을 찾아다녔다. 부산 당감동에는 실향민들이 많이 모여 살았는데 어머니는 매일 그 동네를 찾아가 화투도 치고 어울려 놀다가 저녁 늦게 집에 오셨다.

당감동에는 함경도 치치파파할매가 사셨는데 말이 칙칙폭폭 기차소리처럼 빠르고 행동이 빠르고 머리 계산도 빠른 분이었다. 내가 엄마를 만나러 가면 "물새 새끼가 왔니?" 하면서 어머니에게 "물새야 니 새끼 왔다."고 해서 많이 웃었던 기억이 난다. 어머니 별명이 물새인 것은 어머니가 하늘색 계통의 한복을 좋아해 자주 입고 다니시고, 또 어머니도 중 앙정보부 요원 못지않게 행동이 민첩하고 신경이 예민했기 때문이다.

  어머니는 많은 사람들을 데리고 한증막으로 놀러 가기도 하고 한증막에서 자고 오기도 하셨다. 그들에게 입이 닳도록 박정희를 칭찬하고 그를 찍어달라고 설득했다. 두 달을 그렇게 애쓰신 어머니는 선거 후에 몸져누우셨다. 박정희가 재선에 성공한 뒤 그들은 약속을 지켜주어 고맙다고 또 쇠고기를 사 왔지만 돈을 갚겠다는 박정희의 약속은 지켜지지 않았다. 실망이 컸던 어머니는 한참을 앓아누워 계셨다.

4) 청와대 특사 서정신의 요구 -이민 가라!

  (1967년 5월 3일 박정희는 힘겹게 재선에 성공했다. 당선되자마자 3선을 위해 개헌을 하겠다는 꿍꿍이를 지녔던 박정희는 6월 8일에 치러질 총선에서 개헌에 필요한 의석수를 차지하기 위해 수단과 방법을 가리지 않았다. 그리고는 6. 8 부정선거로 이름지어진 그 선거에서 욕심대로 175명 의원 정수 중에 129명(73.7%)을 확보했다. 엄청난 부정에 '전면 무효', '전면 재선거' 요구가 있었으나 박정희는 휴교조치,

조기방학 등으로 반대를 묵살했다. *편집자 주)

 1967년 여름 박정희는 부하를 보내 어머니를 별장으로 불러냈다. 별장에 가니 하얀 모시남방셔츠를 입은 서 씨(서정신. 이 책의 핵심인물 서정화의 아우. 청와대 파견 1호검사)라는 사람이 어머니께 정중하게 인사하며 자기는 대통령이 보낸 특사라고 했다.

 서 씨는 박정희 대통령이 과거에 한희승 선생님께 빌린 돈을 모두 돌려줄 테니 가족을 다 데리고 미국으로 이민 가서 잘 살라고 하더란다. 집에 가서 잘 생각해 보겠다고 말하는 어머니에게 서 씨는 대통령이 주었다며 금일봉을 주었다.

 어머니가 집에 돌아와 이민이라는 단어를 화제로 올리자 처음에는 언니들도 모두 박수를 쳤다. 어머니는 당시 장남인 한인채 오빠가 만성 신부전증으로 많이 아팠기 때문에 박정희가 돈을 준다면 미국으로 가는 게 좋지 않을까 하는 생각도 해 보았다. 어머니는 부지런히 과거에 알던 정보부 출신 친 박파와 반 박파 지인들을 만나 조언을 구했다. 친 박파는 '미국으로 가서 잘 사시라.'고 말했고, 반 박파는 '절대 돈 줄 위인이 아니다. 미국으로 떠나면 바로 뒤따라가서 사람을 보내 가족 모두를 죽일 것이다.'라고 말했다.

 어머니는 '천지신명이시여, 어떻게 하는 게 내 자식들을 보호하는 길인지 알려주소서.' 하며 매일 기도를 하셨단다. 아버지 산소에 가서도 하염없이 울며 답을 구했다. 돈을 받아 아픈 아들도 살려야 하고 나머지 자식들의 생명도 지켜야 했다. 그런데 지나고 보면 언제나 반 박파 지인들의 이야기가 옳았다. 그들은 박정희의 모든 것을 꿰뚫어 보고 사심 없는 조언을 아끼지 않았다. 아는 사람도 없고 말도 통하지 않는 머나먼 이국땅에서 자식들을 비명횡사하게 하고 싶지는 않았다. 며칠을 울다가 어머니는 이민 가서 죽는 것보다는 차라리 한국에서 죽는 게 났겠다고 결론을 내렸다.

며칠 뒤 어머니는 한 모씨 별장에서 청와대 파견 1호검사라는 특사 서 씨를 다시 만났고, '박정희 대통령의 지시를 따르지 못해 죄송하다, 결혼한 딸들이 한국에 사니까 미국으로 가서는 못살 것 같다.'고 말하고 돌아오셨다. 어머니는 박정희의 제안은 거절했지만 박정희도 크게 노할 일은 아니라 생각했다. 미혼의 신부전증 아들은 수시로 병원을 들락거려야 했다. 어머니는 또 다른 궁리를 해야 했다. 어머니 입에서 이민이라는 말은 더 이상 나오지 않았다.

5) 김영삼을 만나고 온 어머니 구속되다

아버지가 박정희에게 막대한 돈을 빌려준 지 벌써 십여 년이 지나고 있었다. 어머니는 거제도 수용소에서 장사를 할 때 건어물 장사를 했던 김영삼 아버지(김홍조)와의 인연을 떠올리며 1968년, 당시 부산 서구 국회의원이던 야당의 김영삼 의원을 찾아가 몇 차례 하소연했다. 김영삼도 뾰족한 수는 없었다. 그러나 그 만남의 후과는 매서웠다.

어머니는 언변도 좋고 수단이 좋아 주변에 잘사는 분들을 모아 낙찰계를 꾸려가곤 했다. 어머니의 계는 안전하기로 소문이 나서 늘 인기가 있었다. 부잣집 마나님들이 알음알음 자기 지인들을 계원으로 끌어들여 계원 모으기도 어렵지 않았다. 그런데 그 무렵 두 명의 계원이 돈을 타서 쓰고는 곗돈을 내지 않았다.(그게 의도적인 것이었는지는 알 수 없다.) 어머니의 능력으로 그것은 충분히 수습할 수 있을 정도의 것이었지만 득달같이 어머니를 고소한 사람은 어머니가 호남정유에 취직시켜준 장조카 한윤채의 처제였다. 박정희의 친구 서정귀(1967년 설립된 호남정유의 초대 사장. '1964년부터 박정권과 가까워졌다.'는 인터넷 자료는 잘못된 것이다. 박정희와 동갑내기인 서정귀는 대구사범학교를 같이 다녔으며, 1950년 전쟁 통에 박정희, 서정귀, 한희승 셋은 수시로 술을 마시던 사이다. 이 책의 핵심 인물인 서정화와 서정귀는 6촌간이며 서정화, 서정귀 모두 이 책의 주요 인물인 이후락과 사돈이다. *편집자 주)가 사장인 호남정유의 직원이었던 한윤채 오빠는 웬일인지 자기 처제의 고소 때문에 구속된 작은어머니에 대해 완전 모르쇠로 일관했다. 박정희, 서정귀 부하들에게 사정사정해서 호남정유에 자기를 취업시켰던 작은어머니 아닌가 말이다.

김영삼을 만나고 온 이후 터진 이 사건으로 어머니는 순식간에 구속이 되었다. 고소인인 윤채 오빠 처제와 친하다는 사람이 '한춘자가 보증을 서면 구속된 어머니가 풀려날 것인데….'라고 했지만 춘자 언니는 '나한테 무슨 힘이 있기에 내가 보증을 서면 엄마가 구속을 면한다는 말인가.' 하고 의아하게 생각했다. 아마도 그 사람은 정보부와 관련 있는 사람으로 춘자 언니 본인도 모르는 춘자 언니의 통장과 돈에 대해 알고 있었던 모양이다. 다시 말해 엄마의 구속에는 이미 정보부의 입김이 작동하고 있었던 것이다. 어머니는 6개월을 구치소에서 갇혀 지내다가 1969년 겨울 출소하셨다.

6) 이후락의 지속적이고 위협적인 관리, '발설하면 죽는다'

6개월 만에 출소한 어머니는 집에 오셔서 식사도 제대로 안하시고 대인기피증이 생겨 누구도 만나려 하지 않으셨다. 어느 날 집에 가니 어머니는 막내딸이 학교에서 돌아온 줄도 모르고 '유전무죄, 무전유죄'라는 말을 중얼거리며 눈물범벅이 되어 통곡을 하고 계셨다. 나는 조용히 돌아 나와 장독대에 걸터앉아 '불쌍한 우리 엄마, 불쌍한 우리 엄마….' 하며 흐느꼈다.

어머니가 출소한 지 얼마 안 되어 이후락이 보냈다는 정보부 요원이 찾아왔다. 그는 박정희 대통령이 어머니에게 빌려간 돈을 셋째 딸인 한춘자 명의의 통장에 넣었다면서 어머니 눈앞에 통장 하나를 흔들었다. 그러나 그는 박정희 대통령의 지시가 있기 전에는 통장을 줄 수 없다며 앞으로 어머니의 모든 행동을 중앙정보부에서 감시할 것이니 돈을 받고 싶으면 말을 함부로 하지 말 것이며 아무나 만나지 말고 죽은 듯이 기다려야 한다고 했다. 또한 그 돈의 뿌리가 남편 한희승의 돈과 관련이 있다는 말은 자식 누구에게도 발설하지 말 것이며 발설할 경우 모두 죽을 것이라고 단단히 협박을 했다. 가족들끼리도 비밀을 지키라고 함구령을 내렸으니 서로 의심하며 서로 경계할 것이었다. 참으로 교활한 박정희의 재산관리방법 아닌가. 이후락의 부하는 앞으로 그 돈을 이후락이 관리하게 될 것이라고 했다.

'이후락이 박정희가 빌려간 돈이 아버지 유산이라는 것을 알면서도 자기가 이 돈을 관리하겠다고 하는 것은 자신도 이 돈을 도둑질해 처먹겠다고 하는 신호'라고 어머니는 후일 수시로 내게 말씀하셨다. 육영수, 김종필, 채명신, 이후락, 김형욱, 김재규 등 어머니는 박정희 주변의 사람들을 여럿 보아왔지만 어머니가 그중 싫어해서 두고두고 원망하며 욕을 했던 사람은 이후락이었다. (실제로 이후락은 박정희가 사망한 뒤인 1979년 신군부의 처벌을 피하려고 김종필의 부정축재에 대해 증언할 무렵 '떡고물 안 흘리고 떡을 주무를 수 있나.'라며 당시 194억이나 되는 자기 재산을 합리화했다. 그가 말한 떡고물 중에는 한영순 부모님의 피땀도 들어 있을 것이었다. 이후락은 스위스에도 박정희 비밀정치자금을 예치, 관리했는데 이후락 아들 이동훈은 미국의회에서 박정희가 예치한 비밀자금이 60억 달러(7조5천억 원)라고 증언한 바 있다. *편집자 주)

그 뒤 어머니는 돈은 고사하고 중앙정보부의 요시찰 인물이 되어 마음대로 누군가에게 하소연 한 번 할 수 없는 처지가 되었다. 어머니의 처지를 생각하면 피눈물이 난다. 오랜 세월이 흘렀어도 내 가슴이 이렇게 아픈데 어머니는 오죽하셨을까.

돈은 갚은 것도, 안 갚은 것도 아니었다. 박정희는 빚을 갚았다고 했지만 어머니가 쓸 수 없도록 해 놓았다. 세상에 돈을 받았지만 쓸 수가 없다고? 이제 어머니는 박정희가 돈을 안 갚는다고 어디에 하소연할 수도 없게 되었다. 먹을 수 없는 떡을 놓고 엄마는 늪에 빠져 버렸다.

중앙정보부(안기부/ 국정원)는 오로지 박정희 권력의 원활한 유지를 위해 존재해왔으므로 주군인 박정희의 권력을 누릴 수 있게 하려면 수단 방법 가리지 않고 어떤 범죄도 저지를 수 있는, 저질러야 하는 조직이었다.

이후락이 관리하는 한춘자 통장의 천문학적인 돈은 박정희의 정치자금으로 마음대로 주물러야 했기 때문에 잡음이 나거나 말썽이 나면 이후락 자신이 존재할 수 없었을 것이다. 박정희의 비서실 역할을 했던 중앙정보부에서는 7남매나 되는 채권자의 자식들이 성가셨을 것이고 한춘자 하나만 살아 있으면 된다는 것이 그들의 속셈 아니었을까.

형제간 이간질, 또 어머니와 자식간 이간질도 서슴없이 하는 그들의 공작 속에서 어머니는 중심을 잡으려고 인내하고 또 인내하며 삶을 버티셨다. 어머니에게 가해졌던 중앙정보부의 공갈, 협박은 결국 '박정희가 빌려간 돈에 대해 발설하면 누구라도 죽인다.'는 것인데, 어머니는 박정희가 빌려간 돈을 받아야 자식들과 생계를 이어갈 수 있었기에 참아야 할 인간적인 모멸감은 말로 표현할 수 없다고 했다.

7) 중앙정보부원은 다 아는 사실
-육영수는 박정희가 죽였다.

1978년 서정신은 어머니를 다시 찾았다. (서정신은 1967

년 파견검사로 청와대에 들어간 이후 1978년 사정비서관으로 다시 청와대에 들어갔다. 이 책의 핵심 인물 서정화의 동생이다. *편집자 주) 그는 어머니에게 또 다시 이민을 종용했다. 어머니는 '아들의 병이 심각하니 제발 내 딸 통장에 들어있는 돈을 내가 쓸 수 있게 해 주세요. 그러면 박대통령의 은혜를 잊지 않겠습니다.' 라고 사정하셨다. 서정신은 '돌아가 대통령에게 그 뜻을 전하겠습니다. 건강하십시오.' 라고 말하고 돌아갔다. 그러나 그것으로 끝이었다.

어머니의 고민은 다시 시작되었다. 당시 큰 오빠의 신부전증은 수시로 상태가 악화되고 있었다. 어머니는 또 다시 주변인들에게 조언을 구했다. 중앙정보부는 창설 자체가 박정희를 위한 것이었다. 중정부장을 비롯해 말단 요원까지 오로지 박정희의 권력 유지를 위해 움직인다. 그러나 그 속에도 제정신을 갖고 있는 양심적인 인물들이 있기 마련이다. 그들은 자연스레 반 박파가 된다. 어머니와 오랜 인연을 갖다 보면 인간적으로 가까워지고 진심 어린 이야기들을 나누게 되기도 한다.

반 박파들은 절대로 박정희를 믿지 말라고 했다. 믿지 말아야 할 이유로 들려준 사례가 놀라운 것이었다. 몇 해 전 육영수의 사망도 박정희의 짓이라는 것이다. 기겁을 하는 어머니에게 그들은 상세한 소식을 들려주었다. 육영수는 박정희가 안가에서 젊은 여성연예인들과 술자리를 벌이고 섹스를 즐기는 것(안가는 궁정동 말고도 한남동, 구기동, 청운동, 삼청동에 있었고 관리는 중앙정보부에서 담당했다. 여자 조달은 경호실, 중앙정보부가 맡았다. *편집자 주)을 매우 못마땅하게 생각했고, 그런 일을 하는 담당자를 질책하며 박정희 대통령을 원망하는 일이 잦았다. 육영수는 여성연예인 조달 담당 직원에게 제발 그런 짓을 하지 말라고 했고, 박정희가 연예인들과 유흥을 즐길 때 안가에 찾아가서 박정희 대통령에게 싫은 소리를 하기도 했다. 박정희는 누구라도 자기 일에 끼어들어 충고하거나 반대하는 것을 절대 용납하지 않는 성격이기 때문에 반복적으로 귀찮게 간섭을 하는 육영수를 견딜 수 없어 했다는 것이다.

그것이 박정희가 육영수를 죽인 이유라는 이야기를 듣고 어머니는 오래도록 충격에 빠져 있었다. '임금님 귀는 당나귀 귀!'라는 말을 하지 못하고 사셨던 어머니가 대구의 내 자취방에 찾아와 3박4일간 폭포처럼 쏟아놓은 말 중에서 '박정희의 아내 살해'는 정말 내게도 믿기지 않는 놀라운 내용이었다.

"어찌 사람으로서 자기 자식을 낳은 부인을 죽일 수 있나. 지 마누라 죽이는 놈이 사람임메? 박정희 저 간나새끼는 천벌 받아서 자기 부하 총에 맞아 죽었지. 종간나새끼. 물 좋아하는 사람은 물에 빠져 죽고 칼 좋아하는 사람은 칼 맞아 죽고 박정희 저 종간나 새끼는 총을 좋아해서 총 맞아 죽었제이요. 박정희 저 간나새끼는 사람 죽이는 건 일도 아임메. 박정희 저 간나새끼는 자기를 반대하는 학생이나 시민들도 많이 죽였제이요. 무고한 국민을 그렇게 많이 죽였는데 어찌 천벌 안 받겠슴메. 저 오찰해(오살해를 그렇게 들은 듯하다. *편집자 주) 죽일 간나새끼. 너 아버지 돈을 빨아 처먹을려고 아버지가 외출할 때 종놈이 상전 대하듯 아버지 구두를 닦아서 갖다 드리고 그랬제이니. 돈 가져가기 전에는 '선생님 곁에는 이 정희가 있습니다. 선생님 곁에 이 정희가 있으니 아무 걱정하지 마시고 항상 제게 불편한 일들을 의논해 주십시오' 이러던 간나새끼가…. 박정희 저 종간나새끼."

"이렇게 아버지에게 온갖 충성을 맹세하던 놈이 돈을 가지고 가더니, 박정희 저 간나새끼는 너 아버지한테 지놈이 군부대 지휘관이고 아버지는 민간인일 뿐이라고, 지휘관인 자기 말에 따르라고 했지비. 일본군은 조선을 식민지 만들어 조선인 등을 처먹고 노예처럼 만들었제이니. 그 간나새끼가 꼭 일본 놈이 하듯 우리에게 했던 거지비. 저 간나새끼, 우리 돈을 떼처먹은 종여숙간나새끼, 박정희 저 간나새끼는 천벌 받고 자손 대대로 그 죄를 받을 것이다."

"저 간나새끼, 제 부하들도 그 놈 보고 '권력에 미친 인간'

이라고 하제이니. 지 부하를 이용해서 자기가 해결하지 못하는 일을 하게 만들고, 다른 부하를 시켜 서로 경쟁시키고 서로 싸우게 만든 다음 앞에서 일한 부하가 뒤에서 일한 부하를 죽게 하는, 오직 자기만을 생각하는 이기주의에 빠진 미치광이제이니."

 어머니는 1974년 육영수 여사 사망에 대해 반 박파들이 그런 말을 하는 걸 들은 적이 있기에 그때는 아무리 그래도 그렇지 하며, 박정희 저 간나새끼가 미친놈인 것은 맞지만 설마 그렇게까지 했겠는가? 했는데 시간이 흐른 뒤 알고지내는 반 박파 요원들로부터 구체적이고 반복적으로 그런 이야기들을 들은 데다가 대통령을 더 오래 해먹겠다고 3선개헌에 유신개헌에 언론, 정치가, 대학생, 지식인들을 옥죄고 핍박하며 권력 연장을 위해 허다한 부정을 저지르는 것을 지켜보고 반 박파의 이야기를 더 이상 의심하지 않게 되었다. 그래도 아무에게도 내색 않고 꾹 참고 있다가 박정희가 죽은 뒤에야 비로소 커텐을 치고 문을 잠그라 하고 내게만 말씀하신 거였다. 어머니는 박정희 악령에게 홀린 것처럼 내 옆에서 며칠간 박정희를 욕했다. 어머니는 그때 땅을 샀으면 서면에서 양정 일대가 다 우리 땅이 될 정도의 돈이었는데 써보지도 못하고 박정희에게 몽땅 빼앗긴 것에 대해 한없이 원통해 하셨다.

어머니는 중풍에 맞아 옥탑방에서 2~3년을 병을 앓고 있는 와중에도 늘 자식들 때문에 마음 아파하다가 1993년에 돌아가셨다. 통장의 돈이 언젠가는 자기의 돈이 될 것이라 믿고 있던 춘자 언니의 어리석은 꿈 때문에 어머니는 "엄마를 속인 죄를 받아 춘자는 피눈물을 흘리게 될 것이다. 죄는 지은 데로 가고 공은 닦은 데로 간다."며 춘자 언니를 원망하셨다. 그래도 끝내 내치지 못하고 안타까이 여기다가 돌아가셨다. 춘자 언니는 어머니의 장례식에도 오지 않았다.

4. *7남매 이야기*

어머니는 1947년 북에서 남
으로 내려오실 때 영자, 영옥,
인채, 춘자, 경채 5남매를 데
리고 오셨고 부산에서 명순,
영순을 낳아 모두 2남 5녀를
두셨다.

1) 장녀 영자

　첫째 딸 영자 언니는 이북에서 한남여자고등학교를 마치고 어머니랑 함께 이남에 내려와 을지로에 있는 동일은행에 다녔다. 천석꾼의 딸로 밥 한번 안 해보고 자랐던 어머니는 결혼 후에도 하인들이 있어 고생할 일이 없었다. 그러나 아버지와 남쪽으로 피난 온 후 어머니는 남대문에서 쌀장사, 구호물자 장사 등 닥치는 대로 일을 하셨다. 맏딸이었던 영자 언니는 쌀을 머리에 이고 어머니가 장사하는 곳까지 갖다 드리는 등 심부름을 해야 했는데 이북에서 공주님처럼 살던 언니에게는 이런 일이 죽기보다 싫었다고 한다.

　아버지는 영자 언니에게 아버지와 영생고보 동창이며 아주 잘 사는 김모 씨의 외아들을 소개했다. 그는 당시 서울대학교 의대에 다니는 학생이었다. 시어머니는 신여성으로 머리도 좋고 언변도 좋고 공부도 많이 하신 분이라 시집살이가 만만치 않았다.

　언니는 시어머니가 어렵고 무서워 친정어머니가 언니 집에 오시는 게 두려웠다. 어려서는 전담 유모가 있어 그녀를 돌보는 등 칠 남매 중 가장 부모 사랑을 많이 받고 풍요로움 속에 자란 큰딸이었다. 낡은 교회를 나가던 처갓집 장인장모를 위해 교회를 지어주셨던 아버지는 일본 유학할 때 유치원

을 눈여겨보았던 터라 큰딸 영자를 위해 유치원을 지어 마을
에 기증을 했다. 그렇게 공들여 키운 딸이지만 시부모와 함
께 살고 있으니 딸에게 마음 놓고 가슴 속 아픈 말들을 털어
놓을 수가 없었다고 하셨다.

  영자 언니 역시 외며느리로 자신도 운신하기 힘들어 어머
니가 불쌍히 여겨져 안타까웠어도 어머니를 도와줄 수 있는
마음의 여유가 없었다. 막내딸인 내 입장에서 보면 언니는
말 그대로 출가외인일 뿐 어머니가 의지할 수 있는 듬직한
맏딸감은 아니었다. 오히려 왜 재수 없이 맏이로 태어나 이
런 짐들로부터 자유롭지 못하게 하느냐고 하늘을 향해 항변
하고 싶었을 거라 생각한다. 현재 90세.

좌로부터 영옥, 어머니, 영자 언니

2) 차녀 영옥

영옥 언니는 어릴 때 국악인 임춘앵 씨에게 고전무용을 배웠고 끝까지 무용을 전공하지는 못했지만 언니는 끼가 있어 춤이라는 춤은 골고루 잘 추었다. 아버지가 돌아가시자 영옥 언니는 혼자 PX 일을 하시는 어머니를 도와주었고 1958년 어머니가 사업을 다 정리하자 형부를 만나 결혼했다. 어머니는 형부를 마음에 들어 하지 않았는데 그가 재혼이고, 나이가 신부보다 스무 살이나 많다는 것들이 그 이유였다. 나는 첫돌도 되지 않아 아버지를 여의었기에 형부가 아버지처럼 생각되어 좋았다. 형부는 나와 넷째언니인 명순을 데리고 많이 놀아주었다. 형부는 당시 비료장사를 한다고 했는데 돈을 잘 벌었다. 실제로 언니와 형부가 자루에 담긴 돈을 쏟아놓고 돈을 세는 것을 본 적도 있다.

그러나 부지런함과 거리가 먼 영옥 언니는 늘 귀부인처럼 살고 싶어 했고 손에 물 묻히고 고생하는 것을 원치 않았다. 언니는 동생들을 위해 늙은 영감을 얻었던 자기가 희생자라고 말했지만 언니 역시 일하기 싫어하는 타입이라 안락한 생활을 위해 20년 연상의 남자를 남편으로 선택하였을 것이다. 영옥 언니는 늘 큰딸(영자)이 있는데 왜 둘째딸인 자기에게 어머니가 항상 손을 내미느냐고 불만이었다.

그러나 어머니가 PX 하실 때 영옥 언니는 웬 군인과 연애하면서 어머니를 많이 불편하게 한 적이 있었기 때문에 그 일로 인해 어머니는 영옥 언니를 신뢰하지 않는다고 하셨다. 그러나 어머니는 치명적인 사건이 무엇이었는지에 대해서는 내가 아직 어리니 알려고 하지 말라고 하셨다. 어머니와 영옥 언니 사이의 갈등은 언제부터인가 계속되었는데 어머니의 속마음을 알지 못했던 나는 언니 편을 들었다.

우리 가족은 둘째언니와 형부가 사는 집에 얹혀 있다가 어머니를 따라 충무동 판잣집으로 이사를 갔다. 당시 어머니는 돈 벌러 다니셨는데 무슨 이유에서인지 토요일이면 나를 꼭 영옥 언니 집에 보내셨다.

"언니 집에 왜 가라느냐? 잘 살고 있는데." 하면서 거절하면 어머니는 이유도 설명해주지 않고 내 등을 떠밀었다. 울며불며 식모로 보내려는 거냐 뭐냐 반항도 해 보았지만 초등학교, 중학교 다닐 때까지도 토요일이면 버스를 타고 언니 집에 가서 조카들을 돌보아야 했다.

후에 돌이켜 생각하면 어머니는 어머니대로 늘 감시당하고 있다고 생각했고 발설에 대한 위협을 받고 있었기 때문에 자식들에게 속내를 밝히지 못했고, 박정희가 7남매 각각에게 어떤 미끼를 주었는지, 자식들이 어떤 미끼를 물고 있는지 알 수 없었기 때문에 가장 어린 막내를 시켜 분위기를 살펴보려 하셨을 것이다. 막내인 나는 영문도 모른 채로 어머니의 막연한 심부름을 버거워하고 짜증을 부렸다. 언니는 2021년에 84세로 사망했다.

차녀 영옥 언니

3) 장남 인채

1962년 23세의 총각이었던 큰오빠 한인채는 홍콩과 무역하는 삼호물산에 취업하여 돼지 살 돈 3천만 원을 관리하고 있었다. 그러다가 당시 엄청나게 뜨기 시작한 영화배우 S씨의 꾐에 빠져 영화판에서 출세할 생각으로 그 돈을 가진 채로 가출했다. S씨는 오빠에게 '이 약을 먹으면 군에 가지 않아도 된다.'며 약을 주었다는데 육체미 운동을 하며 건강을 자랑했던 오빠는 그 약을 먹은 이후 심각한 신장질환을 앓게 되었다. 2~3년 뒤 오빠는 큰 병원에 입원하였다가 퇴원해 충무동 판잣집으로 들어오게 되었다. 이후 수시로 입원해야 하는 오빠를 어머니와 여동생들이 뒷바라지해야 했다. S씨는 후일 국회의원도 지냈고 현재도 서정화와 함께 국힘당의 상임고문을 하고 있다. 오빠의 횡령 사건은 1960년대에 비료장사로 돈을 많이 벌었던 둘째 형부가 삼호물산 관계자를 만나 해결했다고 한다.

오빠는 불편한 몸이지만 고압가스 기술자였기에 자격증 대여로 돈은 벌 수 있었는데 그 회사의 경리 아가씨와 1976년경 결혼을 했다. 1980년 전두환 정부가 들어서자 내무부 장관이었던 서정화는 삼청교육대를 설치, 오빠를 삼청교육대로 잡아가려고 몇 번이나 시도했다. 남자들이 오빠를 승합차에 태우려고 해서 오빠가 강력하게 저항해서 도망쳤다는데 그 이후 오빠는 오랫동안 외출도 하지 못한 채 노점상을 하는 아내에 의지해서 살아야 했다. 오빠가 위축된 생활을 하게 되자 부부의 다툼이 잦아져 1983년 경 이혼했다.

1991년 옥탑방에서 오빠와 둘이 살던 어머니가 중풍으로 쓰러지자 어머니가 돌아가실 때까지 2년 이상 자기 역시 환자였던 인채 오빠가 어머니 대소변을 받아내며 보살폈다. 어머니는 돌아가실 때까지 줄곧 인채 오빠가 박정희 일당에게 꼬드김을 당해 몹쓸 병에 걸렸다고 생각하셨다. 그뿐 아니라 삼청교육대를 구실로 오빠를 폐인으로 만들려고 노력하고 있다는 생각도 내내 하고 사셨다. 오빠는 2017년 사망할 때까지 신장투석을 받으며 힘겹게 살았다.

1962년 영옥 언니 결혼식. 신랑신부 가운데 보이는 게
인채 오빠. 우측 끝이 춘자 언니

4) 삼녀 춘자

1944년생 춘자 언니는 박정희, 중앙정보부의 미끼를 가장 확실하게 물었고, 그랬기에 인생 전체를 그들에게 휘둘려 그들의 소모품으로 전락된 채 불행하게 살고 있는 이 책의 핵심 인물이다.

큰딸 한영자도, 둘째딸 한영옥도 남부럽지 않게 무용도 배우며 풍족한 어린 시절들을 보냈는데 셋째딸인 춘자 언니는 자기만 중학교 졸업하고 집에서 동생 돌보고 살림을 해야 하는 처지가 된 것에 불만이 많았다. 나는 춘자 언니가 물 길러 갈 때 치맛자락을 붙잡고 따라다녔고 춘자 언니가 빨래하러 개울에 갈 때도 치맛자락을 붙잡고 따라다녔다. 철없던 나에게는 그것이 다 재미있는 추억이지만 춘자 언니에게는 불만이 쌓여갔던 모양으로 어머니를 계모 같다고 말할 정도로 집에서 살림을 책임지는 것을 싫어했다. 자기는 공장에 가서 일하면서 야간 고등학교 가겠다고 말하고는 했다.

당시 우리 집에 세 들어 살던 가족이 있었다. 그 집에 영애, 영숙, 언필 남매가 있었는데 우리 집에서 2년 정도 살다가 대구로 이사 갔고 영애는 다방에서 일을 했다. 살림살기가 싫었던 춘자 언니는 수시로 대구의 다방으로 영애를 만나러 다녔고 어머니는 대구로 달려가 춘자 언니를 잡아오고는 했다.

그러다 1964년(내가 초등 3학년 때)에 충무동 판잣집으로 이사를 하자 춘자 언니의 대구행은 더 잦아졌고 춘자 언니는 어머니한테 매타작을 맞고 끌려 돌아왔다. 그러기를 여러 번 하자 어머니는 중매쟁이 소개로 1968년 25세가 된 언니를 성실하고 마음씨 착한 외항선원에게 시집을 보냈다.

 언니는 결혼해서 첫딸을 낳았는데 어릴 때부터 피아노를 가르쳐 피아노를 잘 쳤다. 남편이 외항선원이라 생활에 큰 걱정은 없었는데 어머니는 춘자 언니에게서 무언가 의심쩍은 구석을 발견하셨던 모양이다. 어머니는 나를 밀사로 영옥 언니 집뿐만 아니라 춘자 언니 집에 도 계속 보냈다. 어머니는 늘 춘자 언니가 자기에게 벌어지고 있는 일들에 대해 정직하게 소통해주기를 바라셨다. 그런데 언니가 그렇게 하지 않으니까 나를 언니에게 보내어 관찰하게 한 것이다. 나는 어머니의 속내를 몰랐기 때문에 심부름 갈 때마다 짜증내고 못마땅해 했다. 언니 집에서 피아노를 실컷 치고 돌아와서는 춘자 언니가 무슨 짓을 하는지 궁금해 하는 어머니에게 내가 보고 들은 것을 보고했다. 그러다 1976년 춘자 언니는 부동산을 한다고 했는데 나는 다른 지역으로 취직이 되어 더 이상 어머니의 밀사를 할 수가 없었다. 춘자 언니는 딸 둘을 낳았고 아들을 입양했다. 언니는 1983년 15년간의 결혼생활에 종지부를 찍고 이혼했다. 춘자 언니에 대해서는 따로 더 설명하기로 한다.

좌로부터 춘자, 영옥, 어머니

5) 차남 경채 - 행방불명

차남 경채 오빠는 1946년생으로 갓난아기일 때 어머니 등에 업혀 남쪽으로 내려왔다. 공부도 잘했고 웅변으로 대통령상도 받았다. 태권도 합기도 등 합이 13단이라고 으쓱해했다. 한때 광복동 남포동을 주름잡고 있었고 남녀문제는 지극히 보수적이었으므로 나는 그 근처에 얼씬거리지도 못하게 했다. 영화배우 김진규 비슷한 스타일인데 술 좋아하고 다혈질이었다. 군 제대 후 보일러 설치 일을 했는데 술을 먹으면 어머니에게 불만을 토로하며 대들어 어머니는 많이 울기도 하셨다. 잘 살다가 아버지가 돌아가시자 집에 돈이 마른 것에 대해 마치 어머니가 돈을 숨기고 자기만 안 준다고 생각하는 것 같았다. 우리 가족은 경채 오빠의 술주정에 정신적으로 고달팠다.

어머니는 오빠의 거친 항의에도 불구하고 사실을 말해주지 못했다. 아니 이를 악물고 말을 하지 않았다. 자식들이 알면, 그래서 정권에 저항하면, 이후락, 정보부 요원들은 내 자식들을 보란 듯이 죽일 것이었다. '발설하면 죽인다.', '저항하면 죽인다.' 그것은 저들이 어머니에게 되풀이하고 되풀이해서 강조했던 말이다. 그래서 어머니는 이를 악물고 자식들의 추궁에 아무 말도 할 수 없었다.

중풍으로 누워계시던 어머니가 1993년 돌아가셨을 때 오빠는 장례식장에 나타나지 않았다. 그 무렵 춘자 언니는 경채 오빠가 김원길(뒤에 한춘자 3년 징역의 고리가 된다. *편집자 주)의 아들 김진수 등 언니의 사업과 관련된 사람들과 중앙정보부 끄나풀들과 자주 만나는 것을 보았다고 했다. 어머니가 입을 열지 않으니 자기 나름대로 방법을 찾으려 했던 것으로 보인다. 1994년 경부터 오빠의 소식은 어디서도 들리지 않았다. 촉이 빠른 춘자 언니는 '저들(정보부)의 소행으로 행방불명이 된 것'이라고 했다.

'바람이 나서 집에 안 온다, 자식을 낳아서 집에 안 온다.'는 소문이 돌기도 했는데 10년이 지난 후 내가 오빠의 실종 신고를 냈을 때 이미 경찰은 그의 생존과 사망에 대해 티끌만 한 단서도 확인할 수 없었다. 누군가가 그를 살해했다면 40대의 건장한 남자가 바람피우고, 애를 낳았다 등의 소문은 실종자 가족들의 탐색을 주저앉히는 좋은 구실로 퍼뜨릴 만하지 않은가.

위 영옥 언니, 아래 경채 오빠와 춘자 언니

6) 사녀 명순

 일곱 남매 중에는 여섯째, 딸로는 넷째인 명순 언니는 학창시절 공부를 잘했다. 배구도 잘했고 수영도 잘했다. 싸울 때 내가 악착같이 덤비면 슬그머니 양보하는 욕심 없는 성격이기도 했다. 노력파이기도 해서 어머니는 샘이 많은 막내인 나 몰래 명순 언니가 하고 싶다는 것은 다 해주려 하셨다.
 어머니가 낙찰계 계주를 할 때 글씨도 잘 쓰는 명순 언니가 총무 역할을 했다. 어머니에게 명순 언니는 박정희가 강탈한 돈을 찾아 올 수 있는 참한 일꾼으로 보였을 것이다. 1969년 어머니가 팔자에 없는 구치소를 6개월간 살다 나왔는데 그 새 명순 언니는 연애를 했던 모양이었다. 명순 언니는 결혼해서 얼른 집을 벗어나고 싶어 했다. 춘자 언니도 명순 언니의 등을 떠밀었다.
 1972년이면 명순 언니 나이 20세였는데 22세의 신랑에게 시집을 가겠다고 하였으니 명순을 참한 일꾼으로 옆에 두고 싶어 했던 어머니 입장에서는 이만저만 실망한 게 아니었다. 어머니는 얼마나 낙담을 하셨던지 결혼식장에도 가지 않으셨다. 명순 언니가 시집간 뒤 어머니는 빚잔치를 하고 전기도 들어오지 않는 가야공원의 한쪽에 판잣집을 짓고 이사를 했다.

중앙에 영옥 언니. 좌우에 영순, 명순

7) 오녀 영순-해결사가 되어야만 하는 내 운명

　나는 일곱 남매 중 막내다. 돌이켜보면 어린 날의 오랜 세월을 내 의지와 관계없이 형제의 뜻대로, 어머니의 뜻대로 살았다. 어머니가 밀사 노릇을 시키면 했고 언니들이 일을 저지르고 도움을 청하면 뒤치다꺼리를 하며 살았다. 성질을 부리면서도 해야 했고, 짜증을 내면서도 해야 했다. 나이가 들어서는 언니들의 보디가드 노릇을 하기도 했다.

　어머니가 구속되었을 때 나는 많이 방황했고 어머니 출소 후 가야공원 판잣집에 살 때 무어라도 돈을 벌 작정으로 직장을 구해 집을 나왔다. 언니네 집에서 독학한 피아노 실력으로 예식장에서 웨딩마치 연주하는 1일 피아니스트, 피아노 교습소, 피아노 학원도 하였다. 그러다가 운명의 그 날, 1979년 12월 둘째 토요일부터 3박 4일. 대구의 자취집에서 어머니의 피를 토하는 억울한 하소연을 들었던 것이다.

　얼마나 기가 막혔는지 그날까지 아무것도 모르고 살아왔던 바보 같은 나를 자해하고 싶은 충동조차 일어났다. 내가 첫돌을 맞이하기 전에 돌아가신 아버지. 아버지 안 계신 세월을 어머니 혼자 견뎌오면서 그토록 억울하고 처절하게 불쌍한 삶을 살고 계셨는데 25세가 되도록 전혀 모르고 있었다니⋯. 어머니가 3박 4일 통곡하실 때 어머니는 진짜 피눈물을 흘리셨다. 말 그대로 눈물에 피가 섞인 피눈물을 나는 그때 처음 보았다. 나는 비로소 부모님에게 일어났던 사연들을 알게 되었고 가족들에게 벌어진 상황들을 이해하게 되었다.

왜 어머니는 가슴 아픈 진실을 이제야 말씀하시나, 대체 이렇게 되도록 내 언니들은 무얼 하고 있었나 하며 내 언니들을 많이 원망했다. 큰언니가 한남여고를 졸업했으면 뭐하고, 형부가 서울대학병원 의사면 뭐하나, 둘째언니 남편이 큰 부자면 뭐하나…. 첫째아들은 건강이 망가져 폐인이 되다시피 했다. 셋째딸은 제 꿍꿍이로 밖으로 나돌고 둘째아들은 어머니를 원망하며 등 돌리고 살고 있고, 어려서 기대했던 넷째딸은 철도 들기 전에 포르르 남자를 만나 날아가 버렸고…. 아… 어머니가 죽지 못해 사셨구나. 자식들 때문에…. 자식들 살려보겠다고 그 수모를 당하셨구나…. 그럼에도 불구하고 자식들은 어머니 옆에서 어머니를 챙겨드리지 못했구나.

모든 문제를 서로 털어놓고 살면 너 죽고 나 죽을 거라고 박정희 부역자들에게 위협당하며 서로를 경계하고, 서로를 의심하며 살았다. 어머니는 가끔 '자식이 일곱이라도 나는 자식 복도 없다.'고 한탄하셨는데 자식들의 생명을 지키기 위해 비밀을 혼자 감당해야 했던 어머니와 강요된 비밀을 안고 각자 제 살 궁리에 바빴던 자식들 사이에서 어머니의 외로움은 태산만큼 커져 있었다.

어머니는 엄청난 돈을 박정희에게 강탈당했지만 입증을 할수 없었다. 박정희가 딸의 통장으로 빚을 갚았다고는 하나그 통장은 어머니가 구경도 할 수 없고 사용할 수도 없었다. 통장을 가진 딸은 그녀를 조종하고 있는 작자들에 의해 휘둘리고 살면서 가족들에게는 털어놓지 않았다. 어머니가 그 문제로 떠들다가는, 그 돈이 아버지 돈이라고 말했다가는 가족모두의 생명이 위태로웠다. 그러니 벙어리 냉가슴 앓듯이 얼마나 가슴이 답답하고 아프셨으랴. 둘째딸과 정부와 밀착된사업을 하는 사위도, 대구로 들락거리며 외간남자와 사업을한다는 셋째딸도, 조카와 조카의 아내와 그녀의 동생도… 주변의 모두를 믿을 수가 없었다. 모두 돈에 홀려 어머니를 돌려놓고 미쳐 돌아가는 것 같았다. 자식들의 생명을 지키기위해 한국 땅에 남고자 했던 것이지만 이제 자식들은 하나둘무력화되거나 남남이 되어가고 있었다.

그러다가 1982년 28세의 나 역시 남편을 만나 결혼하고 다음 해에 아이를 낳았다. 어머니가 1991년 부산의 여인숙 옥탑방에서 중풍으로 쓰러지셨을 때 나는 서울에서 초등학교에 입학한 어린 자식을 키우며 돈을 번다고 바쁜 생활을 하고 있었다. 결국 어머니는 1993년 1월 한을 품고 돌아가셨다. 어머니가 중풍으로 쓰러져, 역시 환자인 오빠의 간호를받으며 옥탑방에서 지내시던 때가 내 인생에서 가장 마음이

찢어지듯 아픈 시간들이다. 어머니를 옥죄었을 그 절망감이 어머니가 돌아가신 이후에 그대로 나의 가슴에 파고들었다. 돌아가신 이후 내 어머니를 그리며 내 어머니께 속죄하는 마음으로 무의탁 노인들을 30년간 돌보았지만 내 마음의 고통을 달래주지는 못했다. 어머니가 돌아가신 이후 나는 박근혜를 만나야겠다고 마음먹고 그러자면 돈을 모아야겠다고 생각했다.

내 주변에는 가끔 6,25전쟁에 참여한 분들이 있었고 그분들 중에는 1952~3년에 부산에서 근무한 군인들이 계셨다. 박근혜 측근이라는 B씨는 '그녀를 대통령으로 만들어야 그녀가 그녀 아버지의 부채를 청산할 수 있지 않겠냐. 박근혜 인생에 아버지의 범죄가 가장 큰 오점일 것이기에 박근혜가 아버지의 과오를 명분 있게 잘 처리할 수 있도록 도와야 한다.'고 했다. 때로는 그 시절 부산에서 우리 부모님의 PX에 드나들던 사람들도 만났다. 그들은 박정희 부하였지만 내 부모님을 알고 계셨기 때문에 말이 통해 자주 만났다. 나는 그분들께 박정희는 내 부모님의 원수라고 말했다. 그들은 박정희를 좋아하긴 해도 나를 이해할 수 있다고 하셨다.

5. 박정희 사망 후에도 소모품으로 이용되는 한춘자

한춘자는 그때까지도 김종찬이 박정희와 이후락의 지시로 자기에게 의도적으로 접근했으며 박정희 정권 내내 자기 통장의 돈을 이용하고 관리하고 있다는 것을 알지 못했다.

1) 박정희 이후락의 부하, 김종찬의 계획적인 접근

춘자 언니는 자매들에게 훗날 고백하기를 대구의 다방에 들락거리던 1965년, 언니 나이 스물두 살에 조선총독부와 박정희 대통령의 요리사이던 김종찬(당시 49세)을 만났다고 했다. 함경북도 북청이 고향인 그는 부산 남부민동에 살았다는데 그의 요구에 따라 부동산 심부름 등 많은 일을 함께 했다.

1971년 1972년에 김종찬은 한춘자 이름으로 20년짜리 부동산 면책기금 상업차관을 했는데 특히 진주 강 씨 문중에 부동산 서류 심부름을 많이 하였다. 20년 후면 땅값이 오르기 때문에 500% 감정을 하였다고 했고 그때 한춘자 통장에 한춘자 아버지 유산의 돈이 많이 있었기에 한춘자 이름으로 부동산을 매입하여 부동산 면책기금 차관을 들여오는 데 담보로 사용한 것이다. 미 재무성에서 차관이 들어올 때 담보로 한춘자 명의의 부동산이 제출되기도 했다.

미국 재무성에서 부동산 면책기금 차관이 들어올 때 담보로 제공된 한춘자 명의의 부동산 목록은 다음과 같다.

1. 서울 종로구 관철동 7-3, 10-2 삼일로빌딩 부지
2. 서울 강남구 역삼동 726 아세아빌딩 부지
3. 서울 중구 명동 31, 31-1
   제일백화점(코스모스백화점) 부지
4. 서울 중구 장교동 22-6, 22-21(일대 약 1,500평)
5. 서울 종로구 내수동 167 국민카드빌딩 부지
6. 서울 영등포구 여의도동 60 대한생명빌딩 부지
7. 서울 강남구 대치동 514 학여울역 전시장 부지 등
   (이외에도 다수)

1976년 한춘자는 부산 장림동에 집을 사서 아래채에 두리복덕방과 초원찻집을 운영했다. 복덕방에는 군장성 출신(하나회 소속), 양지회(정보기관 퇴역자들 친목회) 소속이라는 사람들이 문턱이 닳도록 드나들었다.

언니와 김종찬과의 관계는 전두환 정권이 들어서서 김종찬이 부정축재자로 조사를 받던 1980년까지, 박정희 임기 내내 계속되었던 것으로 보인다. 조사받을 때 김종찬은 30조가 든 한춘자 통장과 인감을 순순히 내어놓으며 그것은 15년간 내연의 관계에 있던 한춘자의 것이므로 한춘자에게 돌려주어야 한다고 했단다. 박정희 이후락이 맡겼던 짐을 비로소 벗게 된 것인지도 몰랐다. 그리고 그는 곧 미국으로 떠나버렸다. 샌디에이고로 떠났다고 했는데 얼마 안 되어 그가 사망했다는 소식이 들려왔다.

한춘자는 그때까지도 김종찬이 박정희와 이후락의 지시로 자기에게 의도적으로 접근했으며 박정희 정권 내내 자기 통장의 돈을 이용하고 관리하고 있다는 것을 알지 못했다. 박정희는 한희승의 돈을 딸 한춘자의 통장에 넣었으니 돈을 안 갚은 게 아니었다. 그러나 그 돈을 자기 사람을 통해 자기가 관리하고 자기가 썼으니 돈을 갚은 것도 아니었다. 참으로 교활한 해법 아닌가.

한춘자는 내연의 관계로 발전한 김종찬과 함께 있을 때, 그의 심부름을 하며 꿈을 키워갔을 때, 김종찬의 지인들인 하나회 출신 장성들이, 중앙정보부 요원 출신 양지회 사람들이 언니가 운영하는 부동산중개소 문턱이 닳도록 드나들며 머리를 조아리고 자기 소개를 하며 그들과 함께 사업을 진행했을 때가 인생에서 가장 안정적이고 행복했던 시절이었다고 회고한다. 가장 꿈이 많았고 그 꿈을 키울 수 있다는 믿음으로 충만했기 때문이다. (그것이 흡혈귀 박정희가 파놓은 달콤한 함정이라는 것을 모르고 있었다니 참으로 가엾고 어리석은 사람이다.)

엄청난 규모의 한희승의 돈을 돌려주기 싫었던 박정희는 채권자로부터 돈을 떼어먹었다는 소리를 입 밖에 내지 못하게 하려고 셋째언니 한춘자 통장에 내 부모님의 돈을 담았다. 그러나 돈을 넣고 빼는 것은 오직 그들만이 할 수 있는 일이었는데 언니는 1987년 어이없는 일로 구속되어 3년 징역을 살고 1990년 말 출소할 때까지 그 사실을 알지 못했다.

1993년 김영삼 대통령 취임하고 금융실명제가 실시된 후인 1994년 부산 망미동 소재 세무서에서 호출이 왔다. 세무서 직원이 '한춘자 씨는 변호사랑 같이 세무서로 다시 오시라.'고 했다는데 이유는 망미동의 어떤 부동산이 한춘자 명의로 되어 있어서 변호사랑 같이 와야 한다고 하더란다. 언니는 모르는 일이라 가지 않았는데 아마도 김종찬, 하나회,

중정 등이 여기저기 한춘자 명의의 통장을 이용해 일을 벌여 놓은 것 중의 하나였으리라.

2) 한춘자, 죽은 자의 고소로 구속되다

춘자 언니는 박정희가 살아있는 동안에는 15년간 김종찬에게 휘둘려 이용을 당했고 박정희 사망 이후 정권이 바뀐 뒤에는 전두환 일당들에게 휘둘려가며 이용을 당했다. 그러다가 1987년 사건이 터졌다. 1978년 사망한 김원길 씨의 고소로 1987년에 구속되어 꼬박 3년을 감옥에서 살게 된 것이다. 죽은 사람을 살려 고소를 하게 한 희대의 이 사건. 내막은 이렇다.

1987년 한춘자를 찾고 있다며 경찰이 둘째 한영옥 언니 집으로 왔다. 한춘자가 나쁜 짓을 했다고 하더란다. 당시 춘자 언니는 때로는 몰골이 말이 아닌 상태로, 때로는 아주 귀부인 차림으로 나타나기도 했다. 언니가 자신이 어떤 일을 하고 있고 어떻게 사는지 말을 안 하니 어머니나 형제들 모두 답답해했다. 어느 날 어머니가 춘자 언니가 교도소에 있다고 말씀하시기 전까지 형제들은 언니가 어느 교도소에 무슨 사건으로 가 있는지 아무도 몰랐다.

사건명 김원길 토지사기 사건

1심 부산지방법원 87고단-3796,
2심 대구고등법원 87노-3096

-한춘자 외 공범 15명은 서류를 위조, 김원길의 땅을 팔아 먹었다.(300억 원이 넘는 돈?)

-(죽은) 김원길이 이를 알고 깜짝 놀라 한춘자와 15인을 고소했다.

-주범 한춘자는 3년을 살았고, 김영수를 비롯한 나머지 종범들(정보부 요원들)은 모두 나갔다.

-아무 내용도 모르는 한춘자는 부끄러워 변호사 선임도 못하고 (죽은) 김원길에게 탄원서만을 제출했다. 아마 변호사 선임을 하지 못하게 기획자들이 부추겼을 것이다.

-한춘자 탄원서의 요점
<우리 부모님이 북에서 좋은 일을 많이 하신 분으로 남하하여 한국전쟁 때 포로, 국군 등을 상대로 식당을 운영해 돈을 엄청 많이 버셨지만 욕심내지 않고 좋은 일만 하고 돌아가셨는데 그분의 자식으로 누를 끼치게 되어 김원길님께 대단히 죄송하게 되었습니다.>

-한춘자는 꼬박 3년 징역을 살았다.

(이상한 일들)

-한춘자는 김원길이 누구인지 모르며 그의 땅을 사고판 일도 없다.

-고소인 김원길은 이미 9년 전인 1978년 사망했다.

-한춘자는 부끄러워 변호사를 선임하지 않았다고 했지만 사건 기획자들이 선임을 막았을 것으로 생각된다. 한춘자가 선임한 변호사가 있었다면 김원길이 사망한 사람이라는 건 금방 드러났을 것이다.

-한춘자가 교도소 재소자로 있을 때 서 씨라고 하는 여성이 무슨 계약인지를 위해 한춘자의 대리인으로 위임장을 받아갔다고 한다.

-한춘자가 수감 중일 때 경상북도 문경시 새재치과 원장이라는 사람이 한춘자의 멀쩡한 어금니를 1개를 뽑아 갔다고 한다. 도대체 왜 그랬을까?

-한춘자는 김원길이 누구인지, 그 땅이 어디에 있는지 아무것도 모르고 1990년 12월 30일 3년 만에 교도소를 나왔다. 서울로 올라오니, 중앙정보부 요원들이 춘자 언니 뒤를 따라다니며 춘자 언니를 고소한 김원길 씨가 최근 병원에서 돌아가시면서 그분의 유산을 춘자 언니에게 주었다고 하더란다. 너무나 뜻밖의 이야기에 언니는 '나를 고소한 사람이

어떻게 내게 유산을 남겨주었을까?' 의아해했다.

언니가 통장을 찍어보니 330억 원이라는 거액이 들어있었다. 언니는 그것이 김원길이 남겨준 유산이라고 생각했다. 언니는 '그분이 아버지와 고향이 같고, 형님 동생 하는 사이였나? 나의 탄원서에 감동했나? 그래서 그의 딸이 나쁜 사람들과 엮여 고생하니 재산을 그녀에게 남겨주어야겠다고 생각했나?' 이렇게 생각했단다. 여전히 어리숙하고 세상물정 모르는 한춘자였다.

－시간이 흐른 뒤에야 한춘자는 김원길이 오래전 사망한 사람이며 그 돈이 자기가 쓸 수 있는 돈이 아니라는 것을 알게 되었다. 각본에 의한 사기재판에 휘말려 바보처럼 당한 것이다. 또한 자기가 거대한 권력의 검은돈 보관처로 이용되고 있다는 것을 알게 되었으며 인감 장사를 하며 먹고사는 소모품으로 전락했다는 것을 알게 되었다.

－당시 검사는 오재훈 검사(현 서울북부지방법원 앞 오재훈 변호사)로 이 사건은 장세동 작품이라는 소문이 돌았다.

－나중에 사실을 알게 된 한춘자가 변호사가 된 오재훈(사건 당시 검사)을 찾아가 항의했는데 오재훈은 '많이 줄여서 구형 때린 겁니다.' 라고 능청맞게 잡아뗐었다.

－종범 중 가장 역할 비중이 큰 김영수는 한춘자와 그중 가

까운 사이였는데 출소 후 찾아보니 사망신고가 되어 있었고 만날 수 없었다. (언니는 이후 그가 돌아다니는 것을 보았다고 주장한다. 김영수는 중앙정보부 출신이다.)

 -김원길의 아들 김진수는 춘자 언니가 출소한 지 3년쯤 되던 해에 한경채 오빠와 함께 사업을 한다며 자주 어울려 다녔고 그 주변에 춘자 언니와 낯이 익은 정보부 요원들도 있었으며 얼마 안 지난 1994년 경채 오빠는 행방불명되었다.

3) 도청되는 한춘자 전화, 찾아오는 하나회 사람들

 출소 이후 언니는 여관을 전전했다. 누군가가 늘 자신을 따라다니며 감시하는 것 같아 무서웠다고 한다. 여관에서 생활하는 춘자 언니가 전화가 필요하여 전화를 가설해 쓰고 있었다. 여관에서 일하는 사람이 언니에게 어떤 남자가 춘자 언니 전화 내용을 도청하고 있다고 알려주었다.

 한춘자는 목에 통장을 걸고 평생 헛된 꿈을 꾸면서 늙어갔다. 그 많은 돈을 자기 이름의 통장에 두고도 지금은 여관을 전전하며 저들이 던져주는 푼돈을 받으며 사육당하는 짐승처럼 하루하루를 연명하고 있다. 언니의 통장에 들어있는 돈은 어디에서 온 것일까? 어디로 흘러들어가는 것일까? 언니에게 인감을 받아가는 그 자들은 누구인가?

춘자 언니는 중앙정보부, 박정희 부역자, 공화당에서 국민의힘당에 이르기까지 소모품으로 이용되었다. 춘자 언니에게 접근하는 사람들은 전직 청와대. 전직 재경부, 전직 금감원, 전직 중앙정보부, 안기부 근무자들로 그들은 하나같이 보수정당의 하수인들이고, 그들은 하나같이 춘자 언니 통장의 잔고증명이나 통장거래내역을 가지고 와 보여주며 "이 돈은 대통령이 승낙하면 쓸 수 있다. 쓰게 해 주겠다."고 말했다.

그렇게 말하는 전직, 현직을 가진 브로커들은 자기네 주군의 지시에 의해 춘자 언니 인감, 위임장 등을 받아 가서 돈을 빼다가 재단에 넣고 그 이익으로 자신들의 몫을 챙기겠다는 목적을 가지고 있다. 자기 주군이 중앙정보부/국정원 따위의 세도를 가졌다고 해서 아주 시건방지게 내 언니 춘자 언니를 마치 화류계 여성 대하듯 하대하기도 했는데 옆에서 보기에 무척 화가 났다. 춘자 언니는 자기 나름의 목적이 있기에 상대가 예의 없이 대해도 돈이 되는 일과 관련된 것이라면 이 꼴 저 꼴 다 감내하며 살고 있다.

춘자 언니의 통장에 들어있는 돈의 뿌리는 군부대 안에서 식당을 하신 내 부모님이 북에 있는 막대한 재산을 찾아주겠다고 약속했던 대통령병에 걸린 박정희에게 속아 빌려준 돈이다. 이후락이 보낸 요원들은 그것을 자식들에게 발설하면 자식들 모두 죽을 것이라고 협박했는데 그 때문에 어머니는 어머니대로 자식들에게 사실을 말하지 못했고 자식들은 자식들대로 어머니를 원망했으며 일부 어리석은 자식들은 그들의 말을 듣는 소모품으로 전락해갔다.

1992년 경 춘자 언니를 찾아온 하나회 남자들이 춘자 언니에게 "한 여사님 나는 하나회 몇 기입니다."라며 인사를 하고 상업차관했던 서류를 보여달라고 했는데 언니는 그걸 가지고 있지 않으니 보여줄 수 없었다. 상업차관이란 1971~72년 경 김종찬이 친일파의 땅이라며 한춘자의 이름으로 이면계약을 한 뒤 그 땅을 500% 이상의 가격으로 감정을 받아 담보를 잡힌 뒤 상업차관을 받았던 건이다. 김종찬이 그 돈으로 어떤 이익을 취했는지 그 이익금이 얼마나 되어 이후락과 박정희에게 들어갔는지 한춘자는 알 수 없다. 그런데 20년 차관 기한이 지나자 관계자(중앙정보부? / '하나회 사람'이라고 말하는 사람들)들은 5년 연장할 목적으로 도장과 이름을 빌려주었던 한춘자에게 다시 찾아왔던 것이다. 언니는 그들 말대로 5년 연장을 위한 서류들에 도장을 찍어주었다. 박정희의 군내부 사조직이었으며 전두환을 수장으로 했던 하나회는 김영삼 당선 직후인 1993년 2월 청산되었고 이후 하나회 이름을 내놓고 언니를 찾아오는 사람은 없었다.

4) 밤에 들어와 마약주사를 놓는 그들

2004년쯤 명순 언니와 춘자 언니 등 모처럼 자매들이 부산 동원장 춘자 언니 숙소에 모여 저녁식사를 마치고 화기애애한 분위기 속에서 놀다 각자 자기 숙소로 갔다. 다음 날 아침 춘자 언니의 급한 전갈을 받고 숙소로 도착하니 춘자 언니가 울며불며 난리가 났다.

춘자 언니는 '어제 밤 내 숙소에 누군가 들어와 내 팔에 정맥주사 놓고 갔다.'고 하면서 오른팔 소매를 걷어 보여주었다. 오금에는 주사자국이 선명했고 주변 부위가 퍼렇게 멍이 들어 있었다. 언니는 1년에 두 번씩 자는 동안 이런 식으로 강제주사를 자기도 모르게 맞았다고 펑펑 울었다.

후에 전직 정보부 요원에게 들은 바에 따르면 요원들 중에는 주사를 잘 놓는 전문 선수들이 있다고 했다. 쥐도 새도 모르게 일 년에 두 번 정도 주사를 놓으면 주사를 맞은 사람의 머리카락에서 마약이 검출된다고 한다. 그러니 때가 되면 문제적 인물을 구치소로 보내고 거기서 마약 검사를 받게 해서 '약쟁이'로 낙인찍으면 그들이 관리하는 성가신 인물은 간단히 무력화된다는 것이다.

5) 춘자 언니 계좌 수십 수백 개

출소 후에 춘자 언니가 부동산 일을 계속하려 하니 통장이 필요해서 서울은행 수표교 지점에서 계좌번호 14907-198-1101 통장을 개설하여 현금카드도 발급받았다. 부동산 일 같이하는 분이 서류를 주며 복사를 해오라고 하여 핸드백을 놓아두고 복사하고 왔더니 서울은행 통장과 현금카드, 주민등록증이 없어졌더란다. 그다음 날 다시 서울은행 수표교 지점에 가서 분실한 통장을 재발급해 달라고 하니 재발급을 안 해주어 며칠 후 또 서울은행에 가서 재발급 신청하였고 그러기를 5번 만에 새로운 통장을 발급받았다. 14904-198-1101는 현재 춘자 언니가 가지고 있는 계좌번호다. 내 짐작에 언니 이름의 통장은 수백 개가 넘으리라 본다. 우선 내가 알고 있는 번호들은 다음과 같다.

서울은행 14907-198-1101
(1991. 9. 4. 계좌관리 서울 수표교 지점)
서울은행 14904-198-1101
(1992. 12. 7. 계좌관리 서울 수표교 지점)
하나은행 190-810151-72907
(1997. 9. 3. 서울 명동영업부 개설)
조흥은행 980-04-077861
(1997. 12. 29. 개설 삼양동 지점)
한국외환은행 059-18-48583-1

(2001. 7. 26. 개설 서울 세종로 지점)

국민은행 023-21-0863-319

(2001. 7. 26. 개설 서울 세종로 지점)

조흥은행 390-04-378540

(2001. 7. 26. 개설 서울 수송동 지점)

하나은행 111-910043-73007

(2001. 7. 26. 개설 서울 수송동 지점)

계 좌 명 세 서

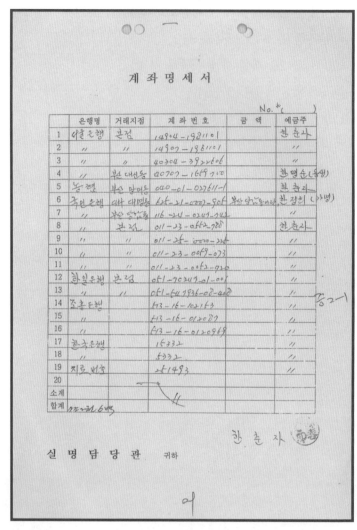

No. *(   )

	은행명	거래지점	계좌번호	금액	예금주
1	서울은행	본점	14904-1981101		한춘자
2	〃	〃	14902-1981101		〃
3	〃	〃	40304-392x806		〃
4	〃	부산 대신동	20707-1689710		한명순(동생)
5	농협	부산 망미동	040-01-027611-1		한춘자
6	축협은행	대구 대명동	618-21-000-90f 부산 당감동에서	한점희(아범)
7	〃	부산 당감동	116-24-0241-742		〃
8	〃	본점	011-23-0ff2-788		한춘자
9	〃	〃	011-24-0000-224		〃
10	〃	〃	011-23-0049-073		〃
11	〃	〃	011-23-00f2-920		〃
12	하나은행	본점	0f1-70249-01-004		〃
13	〃	〃	0f1-f41936-02-402		〃
14	조흥은행		f43-16-102163		〃
15	〃		f43-16-012087		〃
16	〃		f43-16-0120969		〃
17	한국은행		16332		〃
18	〃		6332		〃
19	지로 번호		201493		〃
20					
소계					
합계	약 1조 6백억		〃		

증21

한 춘 자 ㉑

실 명 담 당 관   귀하

어

한춘자 통장 일부

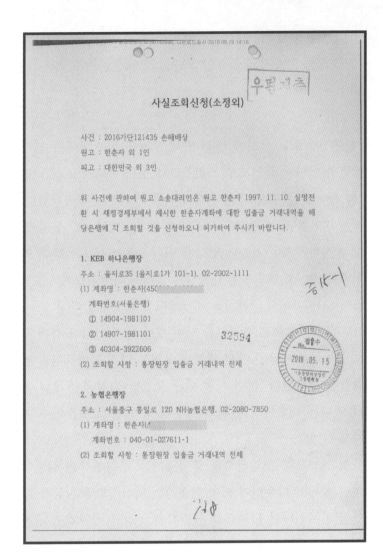

사실조회신청(소정외)

사건 : 2016가단121435 손해배상

원고 : 한춘자 외 1인

피고 : 대한민국 외 3인

위 사건에 관하여 원고 소송대리인은 원고 한춘자 1997. 11. 10. 실명전
환 시 재정경제부에서 제시한 한춘자계좌에 대한 입출금 거래내역을 해
당은행에 각 조회할 것을 신청하오니 허가하여 주시기 바랍니다.

1. KEB 하나은행장

주소 : 을지로35 (을지로1가 101-1). 02-2002-1111

(1) 계좌명 : 한춘자(450○○○○○○○○○)

계좌번호(서울은행)

① 14904-1981101

② 14907-1981101

③ 40304-3922606

(2) 조회할 사항 : 통장원장 입출금 거래내역 전체

32594

2. 농협은행장

주소 : 서울중구 통일로 120 NH농협은행. 02-2080-7850

(1) 계좌명 : 한춘자(4○○○○○○○○)

계좌번호 : 040-01-027611-1

(2) 조회할 사항 : 통장원장 입출금 거래내역 전체

한춘자 통장 일부

6) '인감 장사'
소모품 한춘자의 불행한 호텔살이, 여관살이

신부전증으로 투석을 받는 인채 오빠와 옥탑방에서 함께 살던 어머니가 중풍으로 쓰러졌다가 못 일어나시고 1993년 1월 돌아가실 무렵 나는 춘자 언니를 만나려고 찾아다녔다. 어머니가 늘 하신 말씀을 전하고 싶었다. "밖으로만 돌지 말고 솔직하게 이야기하면 엄마가 언니 입장에서 도울텐데 왜 엄마를 속이고 타인처럼 대하냐? 우리는 가족이잖아." 그러나 언니는 어머니 장례에도 제삿날에도 오지 않았다.

IMF 때 뇌출혈로 휠체어를 타야 했던 나를 언니가 곁에 두고 돌보아주면서 1998년 경부터 우리는 다시 자매로서의 연대감을 찾아갔다. 어린 시절 이후 오랜만에 곁에서 보니 춘자 언니는 대한민국 권력의 꼭두각시, 인간 소모품이 되어가고 있었다.

1998년 무렵 선린상고를 졸업했다는 조정부라는 사람이 정권 실세의 하수인이 되어 한춘자의 비실명화된 자금을 실명 전환시킨다는 명분으로 한춘자의 인감을 가져가면서 한춘자에게 생활비를 지급했다. 막대한 박정희의 비자금을 지금까지 관리하고 있는 하나회, 중앙정보부, 민정당~국민의힘당 실세들은 대통령의 특별한 권한을 내세워 전 재경부 직원 출신, 전 안기부 직원 출신, 전 청와대 출신 등 관련 로비스트, 브로커들을 동원하여 한춘자 언니 통장에 든 돈을 찾아준다고 접근했다. 복잡한 과정을 진행하려면 인감과 위임장 등을 쉽게 확보하기 위해 한춘자를 한 장소에 붙잡아두어야 했다. 그들은 조선호텔, 신라호텔, 앰베서더호텔 등 서울 장안 5성 호텔에 언니의 숙소를 마련하고 문밖에 깍두기남자를 세우고 출입을 제한하고 휴대폰과 전화기를 압수했다.

 1년이면 7~8개월 '불행한 호텔 생활'을 했는데 그들은 '일이 끝났고 1주일 후면 통장에 돈이 들어갈 테니 집에 가서 기다리라.'고 했다. 그러나 통장에 기대했던 돈은 들어오지 않았다. 인감 도장을 가진 죄로, 통장에 이름이 적힌 죄로 한춘자는 정권 실세들의 욕심을 위하여 '불행한 호텔 생활'을 수시로 강요당했고 그녀의 통장과 인감은 권력자들에게 애용되었다. 호텔에 감금되어 인감과 위임장을 뺏기고 일이 끝나면 생계비만을 받고 팽 당하는 서러운 삶을 반복하며 살던 언니. 기구한 언니의 일생을 생각하면 밉다가도 눈물이 쏟아진다.

○ 수 증

인감 2매   투...
주민증 2매   라:
기 인감 2매

···니 1매

···명건고신청해 1매

···민등록사본 1.3매

상기 서류는 인무...

실명인확니 1통 (인수천우)
위 인감 2통 (") 2
분실사유니 1통 (") 1
오림니 1통
투자약니 3통 (수북인) ···
지보약니 2통 (") 국사
각니 1통
약정니 1통
인감 18통
주민등록 18통
사본 10통
백러 8장 우북인 ···

1998. 12. 3일

조 혐 [인]

58

(18매   13957 - 13974)   - 13986 = 30매

인수증

어음 10통. 3/P자 (3837~3843) 7매
　　　 2/3자 (130P-1311) 3매

주민등본 10매.

주민등록사본 14매 (주부.무인)

　　상기 서류를 근히 인수함
　　　　2004~ 8/9

(인수)　　조　정부 印

인 수 증

인감증명서   NO 16248 - 16257   10 매.
  2001년 6월 14 일자.

주민등록 등본   10매 (6/4일)

주민등록증 앞뒤 복사   14 매.
  (구조, 성명, 좌우무인. 연장조정)

상기 서류은 정히 인수함.

2001년 6월 20개 2001. 8. 14.

         울산시 북구 송산동

         420 조   정

56

인 수 증

인감증명서   200통 (2001년 6월 18일자)

　　　(NO. 10418 ~ 10617 번 까지)

주민등록 등본   200통 (2001년 6월 18일자)

주민등록 앞뒤 복사   200통 (좌.우.무인 인감도장)

백지 200통 (좌.우.무인 인감도장)

백지는 은행 계좌에만 사용하고   그외 용도로
사용한 것은   인정하지 않는다.

사용기간은   2001년 8월 2+일 까지로 한다.
기간 이내에 처리 못했을시   모든 서류를 반환 하고
모든것을 백지화 한다.

　　　　　　　년　　　　월　　　　일
(기간이내에 처리 못할시   약속한 일금 오천만원을 명별 刑일
　　　　　　　　　　　　　　　　　　　　　　지급한다.
주 소　　　　(기표 당일 창안해는 등록하기로 한다.)
주민번호 4X▓▓▓▓▓▓▓▓　　　울산시 북구 송산동▓▓▓▓
성 명 조 정 부 ⊙

　　　　　　　하

　　　　참 근 자 계좌

인 수 증

1) 호적증명서 = (100통) (2001. 8. 18)
   (No. 10418-10617)

2) 주민등본 = (100통) (2001. 8/18)

3) 주민증 전후복사 = (100통)

4) 백지 주(성명·주민번호)서명 (100통)
   (목적 은행계좌 사용에 첨부)

⑤ 수용가리기간 2001. 8. 선임 준으로한다
   기간내에 처리 못함시는 재판서류만한측과
   백지 다했다

⑥ 구천백이 처리못함시는 오금 오천만원을 당인
   지급의로한다 (구토당연 현안제를 동책하로한다)

   2001. 8. 20.

한선 백룡 기 [서명]

춘춘자. [서명]

2001년 8월 18일에는 조정부, 백용기가 각각 200통의 인감증명서를 받아갔다. 두 사람이 인감증명서 발행 일련번호를 같게 쓰자 언니가 정정을 요구했지만 '그게 뭐 중요하냐?'고 하더란다. 그 날 언니는 그렇게 400통의 인감증명을 내어주었다. 조정부는 은행 출신이고 백용기는 금감원 출신이다. 그들에게 심부름 시키는 자, 누구인지 짐작은 간다.

6. 구 안기부 요원과 신 국정원 요원의 충돌

안기부 직원이 언니와 내가 있는 방에서 전화기를 가지고 나가더니 이 방에서 나오지 말라고 했다. 나와 언니는 꼼짝없이 감금을 당한 것이다. 이러다가 죽는 건 아닌지 두렵기도 했지만 곁에 언니가 있으니 조금 의지가 되었다.

1) IMF 여파로 쓰러진 나, 춘자 언니와 생활하다

1997년 김영삼 정부 당시 나는 현대산업건설 본사의 하청을 하면서 돈을 조금 모았는데 IMF가 터져 당시 직원 30명 정도의 인건비로 받은 수표가 부도가 나는 등 사업이 엉망이 되고 말았다. 나는 육체적으로 정신적으로 더 이상 버티지 못하고 그만 뇌출혈로 쓰러져 병원에 입원하고 말았다. 춘자 언니가 어찌 알았는지 병원으로 나를 찾아왔다.

"막내야. 네가 1년을 나에게 몸을 맡기면 30년이 건강하게 된다. 생활비 등은 내가 줄테니 건강만 찾아라."

언니는 자기를 믿고 자기 숙소인 포천 베어스타운에서 1년만 함께 있자고 했다. 아들은 축구부로 학교에서 합숙생활을 했고 남편도 스스로를 건사할 수 있으므로 부담 없이 언니의 제안을 받았다. 언니는 무슨 일인지 몰라도 꽤 잘 풀리고 있었는지 여관 생활을 청산하고 김정송(때로는 김종성이라고도 썼다.)이라는 젊은 비서를 두고 자동차도 쓰고 있었다. 거동이 불편하여 휠체어를 타는 나를 김정송과 언니가 부축해 병원도 같이 가고, 침도 맞고 한약도 지어 먹었다. 언니의 도움으로 내 건강은 많이 회복되었다.

"좋은 것만 먹고, 좋은 것만 보고, 좋은 것만 생각해라."

언니 옆에 가까이 살면서 나는 언니의 생활을 비로소 가까이 볼 수 있게 되었다. 언니가 외출하면 따라다니기도 했는데 그때 나는 어머니가 의심한 그대로 박정희가 빌려간 돈과 춘자 언니가 관련되어 있다는 것을 확실히 알게 되었다. 언니는 꽤 많은 사람들과 얽혀 있었다.

2) 구 안기부 요원들의 2조3천억 원 사기약탈 미수 사건

김대중 집권 초기였던 1998년 초봄, 언니는 안기부(1999년 1월부터 국정원 *편집자 주)의 지시로 비서 김정송을 떼어놓고 서울 수유리 아카데미하우스에 가게 되었는데 나도 동행했다. 안기부 직원이 언니와 내가 있는 방에서 전화기를 가지고 나가더니 이 방에서 나오지 말라고 했다. 나와 언니는 꼼짝없이 감금을 당한 것이다. 이러다가 죽는 건 아닌지 두렵기도 했지만 곁에 언니가 있으니 조금 의지가 되었다.

48시간이 지나고 서초 경찰이 와서야 언니와 나는 풀려나 포천 베어스타운에 돌아갈 수 있었다. 우리가 감금된 사이 언니의 비서 김정송은 어딘가에 따로 감금되어 크게 폭력적인 위협을 받았던 모양이다. 신 국정원 요원들의 도움으로 우리는 풀려났고 우리와 김정송을 감금하고 폭행했던 구 안기부 요원들은 구속되었다. 구 안기부의 2조3천억 원 사기약탈 미수 사건이다. 내용은 아래와 같다.

-황주연과 고석주(고건 총리 조카/ 법무부 이사관)등 구 안기부 직원 8명은 한춘자 통장에 실명전환 하지 않은 돈 2조3천억 원이 있다는 것을 알고 정권이 바뀌자 발 빠르게 접근, 1998년 2월 한춘자로부터 실명전환 수수료로 10억 원을 주면 돈을 찾아주겠다고 했다. 그들이 언니로부터 인감증명서, 주민등록등본, 위임용 각서, 실명전환요청서 등 서류를 받고 실명전환을 추진하던 중, 한춘자가 이상한 낌새를 채고 만남을 중단하자 한춘자를 찾기 위해 1998. 6. 5~6. 7. 지인 정모 씨와 비서 김정송을 납치하여 다리를 자르겠다는 등 협박 폭행하였다. 그들 일당 8명은 출동한 서초 경찰에 붙잡혀 재판을 받았다.(서울지방법원 98고단6654 폭력행위등처벌에관한법률 위반)

그러나 실제로는 일의 진행 도중 비서 김정송이 신 국정원 요원과 접촉을 하자 구 안기부 요원들이 김정송을 혼내고 회유하려 했던 사건이다. 신 국정원 요원들이 조직이 관리하던 돈을 빼내려던 구 안기부 요원들을 김정송을 시켜 구속시킨 사건이다. 당시 서초경찰서 강력계 오기완 반장이 그들을 기소의견으로 송치했다. 그때 서초경찰서 오기완 반장은 한춘자 계좌 약 30개가 적힌 종이를 내밀며 이 계좌 중에서 2조3천억 원이 담긴 것이 있다고 했다.

사건을 송치 받은 서울중앙지검 특수부 1110호 최운식 검사실에서 2조3천억 원에 관해 무슨 돈인지 조사해야 한다고 언니에게 출석하라고 연락을 했다. 언니는 과거에 1978년 사망한 김원길의 고소조작 사건으로 1987년 교도소에 들어가 3년을 산 것이 생각나 무서워서 못 가겠다고 하였고 한인 채 오빠보고 대신 가 달라고 했는데 오빠 역시 무서워 못 간다고 하였다. 내가 가는 수밖에 없었다.

3) 2조3천억 원의 정체를 내게 캐묻는 검사

나는 생전 처음 검찰청이라는 곳에 가보았다. 서울중앙지검 1110호 최운식 검사는 나를 자기 책상 앞에 앉으라고 하였다. 최 검사는 한춘자 씨 동생이 맞느냐고 물었고 나는 가지고 간 호적등본과 나의 주민등록증을 내밀었다. 최 검사는 한춘자 통장의 돈이 마약 자금으로 보인다고 했다. 나는 한춘자 언니가 마약으로 구속되었거나 마약 하였다는 자료가 있으면 증거를 내놓으라고 했다. 최 검사는 그 돈이 야쿠자 자금으로 보인다고 해서 나는 내 언니 한춘자가 일본 등 해외에 나간 사실이 없고 또 불량한 사람들과 어울린 사실이 없다고 하였고 증거가 있다면 내놓아보라고 하였다.

최 검사는 그럼 무슨 돈이냐고 물었고 나는 우리 부모님 말을 하고 싶었지만 최 검사가 그걸 입증하라고 하면 할 수가 없을 것이기에 거꾸로 최 검사에게 누가 왜 내 언니 한춘자 통장에 천문학적인 돈을 넣었는지 조사를 해보라 했다. 우리 언니가 힘없는 국민이라고 어떤 증거도 없이 부당한 죄를 씌우면 안 될 것이니 최 검사님도 이 일에 인생을 걸고 밝혀낸다면 나 역시 내 목숨을 걸고 진실을 말하겠다고 했다.

그 후 구 안기부 황주연 외 8명은 폭행, 감금혐의로 구속되었고 언니는 부산으로 내려갔다. 후일 최운식 검사실에서 한춘자의 약 120개 비실명계좌통장에 약 26조7천억 원의 돈이 있으며 문건에 적혀 있는 12개의 계좌에서는 2조3천억 원이 확인되었다며 기필선 계장이 서울중앙지검 앞에 사무실이 있는 황모 변호사를 소개하였고 그 변호사는 이 돈을 찾으려면 인지대가 수억 원이 든다고 했다. 언니에게는 불가능한 일이었다.

예금주:한훈자.
주소:부산시동내구 운현동.
주민번호: ▓▓▓▓▓▓▓▓▓

1) 서울은행=수표교지점-14904-198-1101.
                    14907-198-1101.
                    40304-392-2602.

2) 서울은행 부산대신동지점=40707-165-0700.

3) 국민은행 본점=011-23-0552-788.
              011-23-0012-225.
              011-25-0059-073.

4) 부산대신동지점=116-24-0247-742.
              40707-165-0700.
5) 부산조양동지점=102-21-0852-231.
6) 부산대명동지점=625-21-0007-905.
7) 농업협동조합서울종로1가지점=032-12-034834.
8) 부산망미동지점=040-01-027611-1.
9) 한미은행부산부전동지점=212-57279-264.
10) 한미은행서울종로지점=010-161966-02-201.
11) 외환은행부산부전동지점=039-19-32543-6.
12) 우체국부산부전동지점=601301-0042703.
계좌 등 명시되지 아니한 약120개 계좌의 통장 액면 약 이십육조칠천억원의 비실
명
통장을 실명 전환하여 사용 착식수 있도록.

(상기계좌는 98-6서울00검사시에서 확인된 2조3천억원 임)

증12

130   ┢

내가 구 안기부와 신 국정원의 파워게임의 판결문을 공개하는 이유는 당시 국정원에서 준 한춘자의 금융정보에 대해 설명이 필요하기 때문이다.

98고단 6654 폭력행위 등 처벌에 관한 법률 위반 판결문 일부

피고인 고석주, 홍장용은 1997. 10. 무렵 공소외 한춘자가 금융기관에 실명전환이 되지 않은 예금 2조3천억 원을 갖고 있으나, 이를 실명전환 하기 위해 노력하고 있다는 소문을 듣고, 위 한춘자에게 위 예금을 실명전환해 주겠다고 접근하여 수 차례 걸쳐 만나면서 피고인 고석주는 피고인 홍장용, 황주연이 있는 자리에서 위 한춘자에게 나는 고건 총리 조카이고 법무부 이사관인데, 고건 총리와, 청와대 김인호 수석에게 이야기하여 책임지고, 실명전환해 주겠다고 하여 1998. 2. 20. 김포공항청사 휴게실에서 위 한춘자로부터 실명전환 수수료를 10억 원을 받기로 하고, 한춘자의 인감증명서, 주민등록등본, 위임용 각서, 실명전환요청서 등의 서류를 교부 받고, 공소외 이기훈, 이호연을 통하여 실명전환을 추진하던 중 위 한춘자가 피고인 고석주를 만나주지 않고 피하자 1998. 3. 말 서울 중구 프레지던트호텔 커피숍에

서 피고인 고석주가 같은 홍장용, 피고인 황주연에게 "한춘
자가 실명전환에 따른 서류를 주어 일을 전부 추진하였으나
지금 나타나지 않는다. 어떠한 일이 있어도 한춘자를 찾아야
하는데 김정송이라는 사람이 한춘자를 빼돌리는 것 같다. 김
정송이, 한춘자를 다리를 부러뜨려서라도 잡아라. 그러면 정
부 차원에서 구속을 시킨다. 정부 고위층이 이야기 다 되어
있다."며 위 한춘자 및 김정송을 납치, 감금할 것을 지시하
고, 피고인 홍장용, 황주연은 이에 동의한 다음 피고인 황주
연이 나머지 피고인들과 순차 모의하는 방법으로 피고인들
은 공모하여

　1. 1998. 6. 5. 13:30 무렵 서울 서대문구 홍제동에 있는
스위스그랜드호텔 주차장에서 피고인 황주연은 위 한춘자
와 잘 알고 지내는 피해자 정영환을 위 호텔 커피숍에서 만
나 주차장으로 유인하여 서울32다5341호 소나타승용차 뒷
좌석에 강제로 태우고 피고인 이현우, 이창순은 양옆에서
위 피해자의 팔을 끼며 양복 상의로 얼굴을 덮고, 고개를 숙
이게 한 후 피고인 박형석이 위 승용차를 운전하여 같은 날
14:00 무렵 서대문구 창천동 29의 59에 있는 그랜드파크여
관 502호실로 데려가서 피고인 윤향수, 이현우는 위 피해자
옷을 벗기고, 피고인 이창순은 위 피해자의 눈에 테프를 붙
인 다음 위 피해자에게 "한춘자가 어디 있는지 말하라. 그녀

를 만나게 해주지 않으면 쥐도 새도 모르게 죽여 버리겠다. 우리는 특수부에서 나온 사람이라 너 하나쯤 죽여도 아무 상관이 없다"면서 겁을 주고 피고인 황주연은 같은 홍장용에게 같은 고석주에게 이를 각 보고하고, 계속해서 같은 날 18:00 무렵 다시 마포구 합정동에 있는 서서울호텔 5층 특실로 끌고 가 피해자의 옷을 벗기고 피고인 김인태, 박형석, 이창순, 윤형수, 이현우는 피해자가 도망가지 못하도록 감시하여 같은 달 6일 14:30 무렵까지 약 25시간 가량 위 피해자를 감금하고,

2. 같은 달 7일 09:20 무렵 서울 은평구 남가좌동 102의 23에 있는 볼래로 커피숍 앞길에서 피고인 황주연, 박형석, 윤향수, 이창순, 이현우는 위 한춘자의 운전기사인 피해자 김정송에게 조사할 것이 있다며 강제로 서울32다5341호 승용차 뒷좌석에 태운 후 피고인 박형석이 위 자동차를 운전하며 피고인 황주연과 무전기로 "김정송을 달았습니다. 시키는 대로 다리 하나를 잘라 버리겠습니다."라고 교신을 하고, 피고인 이현우, 윤향수는 위 피해자의 팔을 잡고 고개를 숙이게 한 다음 양옆에 앉아 주먹으로 위 피해자를 때리고, 같은 날 13:30 무렵 마포구 합정동에 있는 서서울호텔 503호실로 위 피해자를 데리고 가서 윤향수, 이창순, 이현우, 김인태는 피해자가 도망가지 못하도록 감시하여 같은 달 8일

11:00 무렵 피고인 이현우는 위 피해자의 옷을 벗기고, 피고인 박형석은 같은 황주연에게 전화로 위 피해자를 감금한 사실을 보고하고, 피고인 황주연은 같은 홍장용에게, 같은 홍장용은 같은 고석주에게 각 이를 보고하고, 다시 위 피해자를 같은 호텔 512호실로 데려간 다음 수건으로 위 피해자의 눈을 가리고, 위 피해자를 상대로 약 2시간 동안 위 한춘자에 대해 조사하면서 피고인 황주연 등은 주먹과 발로 위 피해자의 온몸을 폭행하고, 피고인 박형석, 윤향수, 이현우, 김인태는 피해자가 도망가지 못하도록 감시하여 같은 달 8일 11:00 무렵까지 약 26시간 가량 위 피해자를 감금하였다.

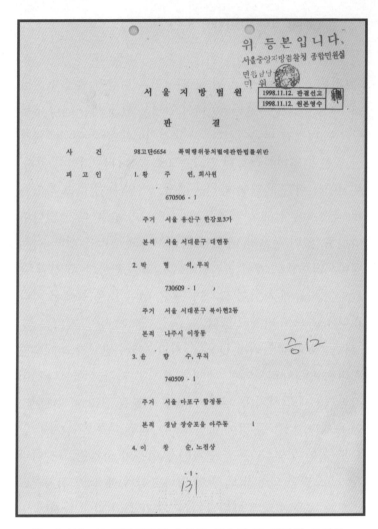

서 울 지 방 법 원

1998.11.12. 판결선고
1998.11.12. 원본영수

판   결

사   건   98고단6654 폭력행위등처벌에관한법률위반

피 고 인   1. 황   주   연, 회사원

                  670506 - 1

              주거 서울 용산구 한강로3가

              본적 서울 서대문구 대현동

          2. 박   형   석, 무직

                  730609 - 1

              주거 서울 서대문구 북아현2동

              본적 나주시 이창동   증12

          3. 윤   항   수, 무직

                  740509 - 1

              주거 서울 마포구 합정동

              본적 경남 장승포읍 아주동

          4. 이   창   순, 노점상

- 1 -

131

구 안기부, 신 국정원간의 충돌로 구속된 구 안기부 요원들.
구 안기부(황주연) 구속 사건(서울지방법원 사건번호 98고단
6654). 황주연은 출소 수년 뒤 사망했다.

4) 재떨이로 호텔 유리창을 깨다

안기부 직원 황주연 등이 구속된 이후 검찰이 한춘자 통장에 2조3천억 원이 확인되었다고 기별을 했을 때는 언니가 부산으로 내려간 다음이었다. 곧 국정원에서 한춘자에게 국정원 윗분이 앰버서더호텔 커피숍으로 부른다는 기별이 왔다. 부산에서 한숨 돌리던 언니는 부담스러워 못 간다고 하였는데 국정원에서 계속 재촉을 하니 언니가 숨을 데가 없다며 어쩔 수 없이 동생인 내게 대신 가보라고 연락을 했다. 나는 앰버서더호텔로 가서 국정원 요원 2명을 만났다. 국정원 요원이 커피숍에 사람이 많다며, 높은 분이 13층 룸에서 기다리니 13층으로 가자고 했다.

나는 "약속이 틀리지 않느냐. 커피숍에서 만나자고 했으면 커피숍으로 내려와야지 왜 나를 룸으로 가자고 하느냐?"며 저항했는데 갑자기 두 남자가 내 양쪽 팔을 잡고 엘리베이터에 태웠다. 13층 룸 앞에서 안 들어가려는 나를 두 남자가 안으로 밀어 넣었다. 문을 열자마자 이성기 국정원 차장이란 자가 "오라면 와야지 왜 말이 많냐." 하며 내 몸이 휘청거릴 정도로 뺨을 호되게 때렸다. 나는 순간 화가 나서 탁자에 있는 청와대 무쇠 재떨이를 그에게 던졌다. 재떨이는 그를 지나 호텔방 유리창을 박살내었다. 유리창이 박살이 나자 앰버서더호텔에 소란이 일었다. 그 방에 이성기 차장 등 모두 5 명의 남자가 있었는데 소란이 일자 모두 도망가 버리고 말았 다.

나는 누가 13층 문제의 방을 빌려 계산했느냐고 호텔 로비에 가서 따졌는데 도망간 지배인은 기다려도 오지 않아 이전 사건으로 안면이 있는 서초경찰서 오기완 반장에게 연락을 했다. 그 역시 해결할 수 있는 일이 아니라며 더 이상 어쩌지 못했다.

내 뺨을 때린 국정원 이성기 차장은 춘자 언니에게 전화하여 돈 찾으려면 조용히 덮으라고 했다. 황주연 등이 구속된 것에 대한 경고를 하려는 것이었다. 나는 그에게 맞아 뇌진탕 증세로 한동안 병원에 다녔고 진단서도 받았지만 더 이상 문제를 삼지는 않았다.

5) 그 와중에 드러난 어마어마한 차명계좌 834명

춘자 언니 비서 김정송이가 감금 폭행당한 이후 신 국정원의 도움으로 서초경찰이 우리가 감금되어 있는 수유리 아카데미하우스로 와서 우리는 풀려났다. 신 국정원 팀은 구 안기부 팀의 사기 행각에 관해 알고 있었고 우선 그들의 감금 폭력 행위에 관한 것을 경찰에 고발했다.

그 사건 와중에 요원 하나가 보안 약속을 받고 김정송(김종성)에게 프린트물 하나를 넘겨주었다. 비실명자금 차명자 미처리자 명단. 놀랍게도 차명계좌의 주인은 한춘자 외에도 상당히 많이 있었다. 834명. 그중 100조가 넘는 통장을 가진 사람이 9명, 27명은 악성자금이란다. 박정희는 그동안 도대체 무슨 짓을 한 것일까?

비실명자금 차명자 미처리자 명단

성 명	주민등록번호	주 소	은행명	계좌번호	금 액	비 고
김석규 (구숙녀)			미 상	미 상	약37조	4 113
원유순			한빛은행 (구상업)	176-05-074568 외 19개	약5조	
이창수			동화은행	한국은행 별단계좌 110413-70422-00061-8	약7조	236
김용권			국민은행	035-0393743-01-071 055-240238-523	약7조	30
이성식			"	051-21-8017-614 051-81-8017-614	약5조	
김기재			하나은행 동화은행	계좌 4개 있음	약2조7천	
한춘자			서울은행	계좌 6개 있음	미 상	63 2
권영욱			한빛은행 (구상업)	계좌 11개 있음	약3조7천	620
정동복			한빛은행 외44개	계좌 45개 있음	약7조	
송광훈			정동복 계좌로 등일	정동복 계좌 8개로 옮김	약7조	
권순도			"	"	약7조	
조병선					약35조	
임한만			국민은행 외 15개	계좌 16개 있음	약3조3천	10
하등주			국민은행 주택은행	계좌번호 있음	1,200억	하수욱 8000418- 1024015
이용우				정동복 계좌 등일 계정임		
김기재			하나은행 동화은행	계좌 4개 있음	약2조7천	
이승재	설명 전환하여 인출택 간 것으로 사료됨					
정억심					20조	
홍미애					112	

※ 총 834명 중 9명은 100조이상 27명

위명자 : 최대호 , 김영수

(CD.1종. 수표. 적용산 ﹑ 실물. 증권 등)

그 사건 와중에 존재가 드러난 비자금계좌 차명인 834명. 이 '비실명자금 차명자 미처리자 명단'에는 손으로 정리한 글귀가 선명하다. 비슷한 문건인 '특수계좌 관리자금'을 후일 또 다른 이에게 받았다. 저들 내부에서 돌고 있는 이러한 문건은 도둑놈들에게는 보물창고 지도와 같은 것이리라.

7. 무능한 진보정부

금융실명제와 하나회 척결은
검은 비자금의 유통과 활용을
깨는 데 큰 역할을 하기는 했
으나 완전히 드러내어 투명하
게 밝히는 '혁명적'인 조치는
취해지지 않았다. 죽어가던
괴물은 다시 스멀스멀 살아나
새끼를 치고 근육과 골격을
키웠다.

1) 노력은 하였으나

김영삼 대통령(임기 1993. 2. 25.~1998. 2. 24.)은 임기 초기에 하나회를 척결하고 금융실명제를 추진했다. 김영삼은 어머니 백금남을 수차례 만났고 다른 소식들도 듣고 있었을 터이니 박정희가 국민들로부터 갈취한 막대한 비자금을 운용하고 있었고 전두환 이후 하나회와 중앙정보부(안기부)가 그 돈을 이용하며 관리하고 있다는 것을 알고 있었을 것이다. 금융실명제와 하나회 척결은 검은 비자금의 유통과 활용을 깨는 데 큰 역할을 하기는 했으나 완전히 드러내어 투명하게 밝히는 '혁명적'인 조치는 취해지지 않았다. 죽어가던 괴물은 다시 스멀스멀 살아나 새끼를 치고 근육과 골격을 키웠다.

전직 금융감독원 직원, 전직 중앙정보부(안기부) 직원들 상당수는 은퇴 후 금융계에서 브로커 노릇을 하고 있다. 그들은 우리와 같이 숨은 돈, 숨긴 돈, 빼앗긴 돈을 찾으려는 사람들에게 접근한다. 그들 중 우리의 사정을 딱하게 여기는 브로커들도 있었는데 그들은 우리를 정부의 실세들과 연결해 주었다.

2) 혁명적 조치 없이 비자금은 정리되지 않는다

김대중 정부 초기, 실명팀 공무원인 금융감독원 문순배 실장이 우리가 다 정리해주겠다며 성의를 보여주었다. 쉽게 만날 수 있도록 가까운 곳에 거처하라며 춘자 언니에게 3백만 원을 건넸으나 언니는 거절했다. 당시 우리는 한나라당 서정화 의원을 1차 2차 만나고 난 다음이라 5조1천억 원에 대한 재가확인서를 가지고 있었다.

문순배 실장이 국민은행, 서울은행 등 16개 계좌를 가져와 춘자 언니, 나와 동행하여 김대중 대통령과 가깝다는 송곡재단의 송곡 선생이 사시는 일산 집으로 우리를 안내했다. 문 실장이 송곡 선생에게 돈이 들어 있는 16개 계좌를 보여주며 당사자인 한춘자라고 소개하면서 재가확인서도 있으니 돈을 찾아 쓸 수 있도록 해주시라고 부탁했다.

송곡 선생은 김대중 대통령님 아들 홍일씨를 만나라고 했는데 춘자 언니는 부담스럽다고 거절했다. 예전에 김영삼 아들 현철, 현철이 고모라고 부르는 김명자도 소개받은 적이 있었지만 별 진전이 없었기 때문에 기대할 것이 없겠다고 판단한 것이다. 송곡 선생은 아시아·태평양평화재단에 이수동 이사장을 만나라고 했다. 정권이 바뀌어 억울한 하소연을 사심 없이 들어줄 수 있는 사람들을 만날 수 있게 된 것은 크게 반가운 일이었다.

9월 경 만난 아태재단 이수동 이사장은 "집에 가서 팩스를 열고 기다려라, 돈을 찾아 쓸 수 있도록 해 주겠다."고 했다. 언니는 누군가가 와서 필요하다는 서류를 해주었다. 4월에 산업은행 1조3000억 원 승인 났다고 하여 김태동 청와대 경제수석 비서도 만났다. 그러나 돈의 근거를 소명할 수 없었던 한춘자에게는 그림의 떡이었다.

1998년 6월 감금 상태에서 구 안기부와 신 국정원의 파워 게임을 겪은 춘자 언니는 8월에 지인들의 조언에 따라 금융감독위원회에 한춘자의 금융정보를 공개하라고 요청했다. 금융감독원에서는 은행감독원으로, 은행감독원에서는 금융감독원으로 서로 핑퐁게임을 했다. 1998년 12월 하종문 씨가 언니 대리인 자격으로 금융감독원에 낸 진정서가 검찰청으로 넘어가서 부산지방검찰청에 가서 조사를 받기도 했다. 이때 검찰은 한춘자 통장에는 6조8천억 원이 있다고 했다.

김대중 정부가 애는 많이 써 주었으나 춘자 언니 쪽의 부실한 자격 때문에 성사가 되지 못했다. 김대중 정부가 숨어 있는 박정희의 비자금에 대해 '혁명적인 조치'들을 취했다면 춘자 언니의 부실한 자격쯤은 정치적으로 넘어설 수 있는 문제가 아니었을까. 이 무렵 한나라당의 서정화 의원이 3차 만남을 갖고 공증 절차를 의논하자고 연락을 했다. 언니는 서정화를 거절할 이유가 없었다. 오히려 그에게 모든 기대를 걸 수밖에 없다고 생각하게 되었다.

8. 인간말종 흡혈귀 서정화

첫 만남 당시 서정화는 춘자 언니
한테 '나는 한동빈'이라고 거짓말
을 했다. 언니는 TV에서 서정화 의
원을 보았기에 그가 정치가로서 신
분을 감추고 싶어 하는 것에 대해
조금은 이해하려고 했단다.

1) 이 책의 키맨 서정화

여기서 잠시, 이 책의 키맨이라고 볼 수 있는 서정화의 주요 이력을 살펴보자.

서정화(1933~ 현 90세)

1933 경남 통영 출생

1961 육군 중령 예편

1972 부산직할시 부시장

1980 중앙정보부 차장

1985~2004 국회의원(12대, 13대, 14대, 15대, 16대, 민정당, 민자당, 신한국당, 한나라당)

2005 한화석유화학 고문

2005~2021 DK그룹 회장

2013 새누리당 상임고문

2017 자유한국당 상임고문

2020 미래통합당 상임고문

2020~ 국민의힘 상임고문

서정화는 박정희와 절친인 호남정유 사장 서정귀의 6촌 아우이며, 청와대 파견검사 1호 서정신의 형이고, '박정희의 경리부장'이라는 칭호를 가진 이후락과 사돈간이다. 한화 김승연 회장의 장인이기도 하다.

박정희가 죽고 1980년 전두환이 비자금이 정리하기 시작할 때 중앙정보부 차장으로 근무했다. 1985년 민정당을 시작으로 한나라당까지 20년간 국회의원을 했고, 90세가 되도록 국민의힘당 상임고문으로 앉아 있다.

그는 특이한 학력의 소유자이기도 하다.

1951년 - 서울대 법대 입학
1952년 - 경남 통영고등보통학교 졸업
1952년 - 육군 갑종장교 소위 임관
1953년 - 육군 보병학교 졸업, 중위 진급
1954년 - 육군 대위 진급
1955년 - 서울대 법대(학사) 졸업(서울대 총동창회 인명록)
1956년 - 소령 진급
1959년 - 서울 법대 (학사) 졸업(위키백과), 중령 진급

서울 법대에 입학한 다음 해에 고등학교를 졸업한다. 소위, 중위, 대위로 군에 복무하면서 동시에 법대를 다녔다. 혹은 소령, 중령으로 복무하면서 서울대학교 법대를 다녔다. 대단한 인물이다. 무엇이 그를 손오공 뺨치는 존재로 만들고 있는 것일까?

2) 1997년부터 한춘자에게 접근한 한나라당 서정화 의원

1차 만남: 1997년 9월, 한나라당의 서정화 의원은 보좌관 강홍석을 보내 춘자 언니를 만나자고 했다. 서정화는 언니를 평창동 북악파크호텔(2003년 철거됨)에 머물게 한 다음 조흥은행 정재덕 씨를 그리 불러 춘자 언니에게 소개했다. 서정화는 정재덕, 한춘자 세 사람 입회하에 마이크로필름도 가져오고 시중 33개 은행에 있는 한춘자의 계좌를 몽땅 조사한다고 했다. 언니는 파크호텔에서 사흘간 머물고(서정화가 숙식비 결재) 집으로 돌아왔다.

첫 만남 당시 서정화는 춘자 언니한테 '나는 한동빈'이라고 거짓말을 했다. 언니는 TV에서 서정화 의원을 보았기에 그가 정치가로서 신분을 감추고 싶어 하는 것에 대해 조금은 이해하려고 했단다. 서정화 의원의 보좌관 강홍석은 이미 몇 달 전부터 서정화 의원의 지시대로 춘자 언니와 자주 만났고 춘자 언니는 강홍석을 신뢰했기에 많은 정보를 주었다. 언니는 자신의 통장에 돈이 있다는 것은 알고 있었다. 그러나 그 돈을 사용하기 위한 재가확인서를 확보할 수 있는 사람은 힘 있는 권력자여야 한다고 믿었기에 서정화 의원의 개입을 반가워했다. 언니는 그의 지시대로 7월에 재경원에 재가확인을 받기 위한 신청서를 접수했다.

얼마 뒤 언니한테 7조2천150억 원 중 5조1천억 원이 실명 전환 되었다며 이에 관한 재가확인서(통장에 돈이 있는 것을 사용해도 좋다고 재정경제원이 허용하는 확인서 *편집자 주)가 인편으로 도착하였다. 재정경제원 실명제팀장 윤증현의 직인이 찍혀있었다. 재가확인서를 손에 입수한 한춘자는 서정화 의원 보좌관 강홍석이 요구하는 대로 또 다른 문건들을 준비해주었다.

3) 윤증현이 끼어드는 이유

2차 만남: 1998년, 해가 바뀌고 김대중 정부가 출범했다. 1997년 11월에 발급된 재가확인서를 손에 쥐고 나서 춘자 언니는 또 한 번 서정화 의원의 요구로 평창동 파크호텔로 갔다. 서정화 의원을 두 번째로 만났는데 이때에 서정화 의원은 윤증현 재정경제부 이사관(윤증현은 2004년에는 금융감독위원회 위원장, 2009년부터는 기획재정부 장관을 지냈다. *편집자 주)을 언니에게 소개하였다. 서정화 의원은 윤증현 이사관과 만난 자리에서 "한 여사, 이분이 한 여사에게 재가확인서를 발급해준 윤증현 이사관입니다. 두 분이서 대화를 잘 해 보세요."라고 말한 뒤 떠났다.

춘자 언니랑 단둘이 마주한 자리에서 윤증현 이사관은 "한

여사, 내가 김대중 대통령님 윤씨 며느리 중신한 중신애비
요. 한 여사가 이 돈을 잘 쓰게 해 드리겠습니다."라고 하며
서울은행에서 1997년 9월 3일 발급받은 서울은행 본점 통장
(이 통장은 1992년 상업차관 5년 연장한 뒤 정리하고 남은
돈이 들어온 통장이다.)을 달라고 했다. 언니는 입회인이 없
어 꺼려진다는 말은 할 수가 없어 안 가져왔다고 말했다. 윤
증현은 파크호텔 메모지에 자신의 삐삐번호를 적어 주면서
필요할 때 삐삐하라고 했다. 윤증현 이사관은 춘자 언니에게
"재가확인서를 잘 보관하라."고 당부하며 떠났다.

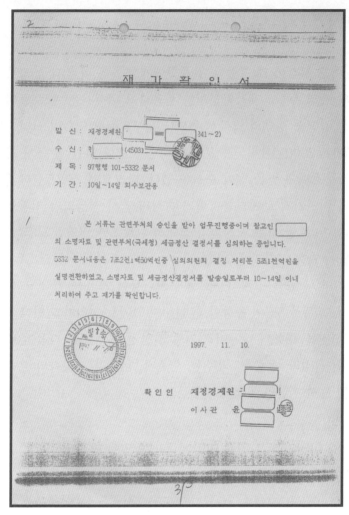

재 가 확 인 서

발 신 : 재정경제원
수 신 : 〇   (4503)
제 목 : 97형행 101-5332 문서
기 간 : 10일~14일 회수보관용

        본 서류는 관련부처의 승인을 받아 업무진행중이며 참고인 〇
의 소명자료 및 관련부처(국세청) 세금정산 결정서를 심의하는 중입니다.
5332 문서내용은 7조2천1백50억원중 심의위원회 결정 처리분 5조1천억원을
실명전환하였고, 소명자료 및 세금정산결정서를 발송일로부터 10~14일 이내
처리하여 주고 재가를 확인합니다.

                        1997. 11. 10.

        확 인 인   재정경제원 〇
                    이 사 관   윤

한나라당 서정화가 생색내며 소개한 윤증현.
그가 발급한 5조1천억에 대한 재가확인서

4) 박주선이 끼어드는 이유

이후 시간이 꽤 흘렀다. 윤증현에게서 들은 바 김대중 정부의 재경부에서 재가확인서를 활용하기 위해서는 새로 들어선 김대중 정부의 박주선 청와대 법무비서관 역할이 크다고 했다. 2000년 1월 중순부터 언니는 서정화 의원 집 근처 자하문호텔에 방을 얻어 숙식을 했다. 파크호텔 스위트룸에서와 마찬가지로 자하문호텔의 숙식비 역시 서정화가 지불했다. 두 호텔 모두 서정화의 집에서 차로 5분 내외면 닿을 수 있는 가까운 거리에 있었다.

여러 사람들이 자하문호텔에 드나들며 조율을 했다. 드디어 그 돈을 5인이 공증한 후 나누어 갖기로 정리가 되었다. 5조 원을 20%씩 나누어 갖기로 결정된 다섯 명은 다음과 같다. 서정화, 윤증현, 박주선, 한춘자, 천호명(서정화의 부하인 동시에 한인채 오빠 친구).

5) 아버지 돈을 찾을 희망에 들떠 있었던 형제들

나와 춘자 언니는 어머니의 장례를 전후로 다소 멀어져 있었는데 1998년 춘자 언니 곁에서 1년 가까이 휴식을 취하면서 나는 춘자 언니와 예전처럼 가까워질 수 있었다. 몸을 추스른 나는 돈을 벌기 위해 경마장으로 나가 수표 환전을 했다. 10만 원 수표를 받으면 3천 원을 떼고, 100만 원 수표를 가져오면 3만 원을 떼고 현금을 내어주며 돈을 벌었다. 그 무렵 언니에게서 자하문호텔로 오라는 연락을 받았다.

언니는 자하문호텔에서 서정화 의원이 보낸 사람들을 만났고 나는 그 옆에서 언니의 분주한 사업을 지켜보았다. 언니는 아버지의 돈을 찾는 일인데 서정화가 형제들에게 비밀로 할 것을 요구하니 내게 잠자코 지켜보기만 하라고 했다. 그 무렵 30년 이상 투석을 받으며 살아온 인채 오빠는 부산에서 올라와 한 달가량 서울에서 기거하며 이따금씩 병원에 다니고 있었다. 오빠 역시 이 문제로 서정화 의원도 만났고 박주선 법무비서관의 보좌관 김광성도 만났다고 했다.

그러니 형제 중 대부분이 서정화 의원이 주선해서 공증을 한 뒤 돈을 나누기로 한 사실을 알고 있었고 기대도 컸다. 박정희 시대의 죽음의 위협이나 공포는 김대중 시대에서 사라지고 없었다.

3차 만남: 2000년 2월 14일. 종로구 관훈동에 있는 한국합동법률사무소에서 다섯 사람이 만나 공증하기로 한 날, 한나라당 서정화 의원은 아침 일찍 관훈동의 한국합동법률사무소에 나타났다. 서정화 보좌관 강홍석은 춘자 언니에게 살짝 다가와 "한 여사님, 나는 공증하고 싶지 않은데 의원님이 자꾸 하라고 하니 어쩔 수 없네요."라고 말했다.

 다섯 사람 중 서정화, 윤증현, 박주선은 보좌관, 부하직원
을 앞에 내세웠다. 서정화 의원 보좌관 강홍석, 재경부 실명
제 팀장 윤증현의 부하직원 윤종한, 김대중 대통령비서실 박
주선 법무비서관 보좌관 김광성, 한춘자, 서정화가 끌어들인
것으로 보이는 한인채 오빠 친구 천호명(일찍부터 알던 친
구는 아니고 뒤늦게 한 동네에 살았던 것을 확인한 정도의
친구), 이 다섯 사람은 한춘자의 통장에 있는 5조를 20%씩
나눈다고 공증을 했다. 서정화는 5인의 공증 절차를 지켜보
다가 마무리를 하고 자리를 떴다.

서정화는 보좌관 강홍석을 내세웠지만 끝내 모른척했고 제
판 과정에서 경검은 강홍석 자료를 빼돌렸다.(133~134쪽)

동부 200 0년   제 899 호

인 증

위 합의서   에 기재된 강홍석,

한훈와 김광성 천호명, 윤중한 ————

본인들은 ————————————————

본직 면전에서 위 사서증서에 기   명 날인하였다.

2000년 2 월 14 일 이 사무소에서 위 인증한다.

공증인가 한국합동법률사무소

서울 종로구 관훈동 198 - 42

공증담당 변호사 李 在 漢

李 在 漢

23230 - 04611일
90. 11. 26 승인

167

134 박정희 비자금 우리 통장에 있어요

기 부 체 납 의 향 서

주　　　소 : 부산광역시 동래구 온천

주민등록번호 : 45

성　　　명 : 한 춘 자

- 다 음 -

　상기 본인 한춘자는 본인 명의로 있는 예금을 어떤 조건을
전제치 않고 국가관계당국 앞으로 상호 약정한 금액에 한하
여 기부체납함과 동시에 차후 어떠한 문제나 이의를 제기함
이 절대 없을 것이며 관계당국의 방침과 지시에만 충실히 이
행할 것을 확약합니다.

2000년 2월 14일

각서인　　한 춘 자(인)

좌무인	우무인

귀하

165

몇 년의 준비 기간을 두고 공증 후 분배를 착실히 준비를 했던 한나라당 서정화. 청와대의 박주선까지 끌어들이고 재가 확인서까지 마련해 두었던 서정화는 후일 모든 것을 모르쇠로 일관했다. 맨 처음 만났을 때 거짓 이름을 대는 서정화를 보고 한춘자는 그가 어떤 종류의 인간이었는지 눈치 챘어야 했다.

보 안 각 서

주   소 : 부산광역시 동래구 온천 ▨▨▨▨▨▨

주민등록번호 : 450▨▨▨▨▨

성   명 : 한 춘 자

- 다 음

　상기인 한춘자는 실명전환함에 있어 미화 및 부동산, 비실명실자금(통장, 수표, 채권, CD)등 이행절차 일체의 행위를 본인 또는 직계, 존·비속, 타인에게 누설시는 형사상의 책임을 감수하겠기에 보안각서를 제출합니다. ──────

2000년 2월 14일

각서인　　한 춘 자 (　)

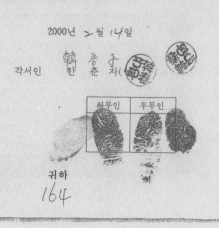

귀하

164

우신 친만영 경삼님

서울영등포경찰서

제 2011-03573 호   2011. 2. 14.

수 신 : 경찰서장

참 조 : 수사과장

제 목 : 수사보고(합동법률사무소 임장수사)

　　　　피고소인 한영순에 대한 **명예훼손** 사건에 관하여 아래와 같이 수사하
였기에 보고합니다.

- 아　　래 -

- 2011. 2. 14.경 합동법률사무소(02-735-6597~8) 임장수사
　위치 : 서울 종로구 판훈동 198-42
- 피고소인 한영순이 증거믐로 제출한 공증서의 진위여부, 용도, 당시 참석자의
인적사항 확인여부, 증서의 서명날인자믐이 공무원이나 정치권 인사였는지, 공증
작성 후 결과믐 확인키 위해 현장에 진출하여 공증담당 변호사 이응한을 면접하
였다.
　　이응한 변호사의 답변에 의하면 위 공증서는 합동법률사무소에서 인증한 것이
맞으며,
　　용도는 사서증서인증서로 본인들이 미리 외부에서 작성해 온 문서로서 5명이
모두 서명날인한 것이 맞는지 확인 후에 인증을 해준 것일뿐 공정증서(약속어
음)와 달리 강제집행절차의 효력은 없는 문서이고,
　　작성 당시 참석자들의 인적사항이나 직업에 대해 확인 할 의무가 없음으로 확
인하지 않았으며 공증서 작성 후 어떻게 되었는지 알수는 없고, 당시 작성한 인
증부믐 보면 원본 1부믐 한춘자라는 사람이 가져간 것으로 확인된다는 진술을
정리하였기에 수사보고 합니다.

　　첨부 : 합동법률사무소 인증서 외 2부.

6 3ff

서정화는 한춘자에게 가족과 타인에게 누설하면 형사상 책임을 감수하겠다는 보안각서를 받았다. 공증 업무를 담당했던 한국합동법률사무소는 후에 소송사건에 연루되자 공증을 한 것은 맞으나 작성 당시 참석자들의 인적사항, 직업에 대해 확인할 의무는 없기에 확인하지 않았다고 책임을 피했다.

대리인을 내세워 공증하고 1조 이상씩 챙겨 먹튀한 서
정화(당시 한나라당 의원. 대리인 강홍석) 박주선(당시
청와대 법무비서관. 대리인 김광성) 윤증현(금융실명제
팀장, 후에 금융감독위원장, 기획재정부 장관. 대리인
윤종한)

6) 한춘자는 왜 안 주는 건데?

서정화는 당시 이 돈이 우리 부모님 유산이라는 것을 알았기에 한춘자에게 형제들에게는 비밀로 하라는 각서를 써야 돈을 받을 수 있다고 다짐을 받았다. 천호명은 서정화와 한인채가 공동으로 아는 인물인데 태권도를 했으며 한나라당 선거운동에 큰 역할을 하는 사람이라고 알려져 있다. (서정화는 애초부터 20%에 만족하지 않고 더 많은 몫을 차지하기 위해 모사를 꾸몄던 것으로 보인다. 한춘자의 몫은 물론이고 전후의 사정을 보면 천호명의 몫 역시 서정화의 몫을 불리기 위해 자리를 차지하게 했을 것으로 보인다. *편집자 주)

그러나 한 달 후면 통장에 들어온다는 돈이 춘자 언니에게는 들어오지 않았다. 언니는 서정화의 보좌관 김광성, 윤증현의 부하 윤종한 등에게 연락을 해 보았으나 모두 연락두절. 인채 오빠 역시 연락이 되지 않았다. 그들의 주군(?) 서정화, 박주선, 윤증현 역시 언니의 연락을 받지 않았다. 6~7개월 만에 나타난 하수인(대리인)들은 통장에 돈이 안 들어왔다는 한춘자의 말에 '그럴 수가 있냐?'하고 함께 놀라는 척하고 해결사로 나설 듯 또 다시 한춘자에게 인감증명을 받아갔다. 그리고는 역시 깜깜 무소식. 박주선의 보좌관 김광성은 3년 뒤 사망했다.

나중에 요양병원에서 만난 인채 오빠는 당시 천호명에게서 얼마를 받았는지 동생들에게 밝히지 않았다. 다만 저들이 그 돈을 저축은행에 투자했다며 오빠에게는 이자를 조금씩 받게 해주었다고 했다. 결국 서정화는 한춘자에게는 한 푼도 주지 않았다. 후에 다른 브로커들이 서정화에게 들은 바에 따르면 한춘자에게 돈을 주면 변호사를 사서 자기들을 칠 것이기 때문에 주지 않았다고 하더란다. 언니는 공증 사건 이후 다시 여관살이를 시작했다.

7) 5조 원 먹튀-미꾸라지 서정화, 박주선, 윤증현

공증 사건을 통해 속절없이 당하는 춘자 언니를 지켜본 나 역시 뾰족한 수가 없었다. 그러나 그냥 묻어둘 일은 아니라고 생각했다. 나는 2008년까지 하던 경마장 수표 환전 일을 정리하고 2009년 이후 본격적인 투쟁에 나섰다.

나는 서정화, 박주선, 윤증현을 각각 24회, 11회, 15회 고소했다. 결과는? 경찰서는 고소인인 나를 부르지도 않았다. 공권력은 힘 가진 자들 앞에 바람 앞의 풀잎처럼 누워버렸다.

인채 오빠의 후배가 서정화 의원의 보좌관 강홍석을 잘 알고 있어 그가 서정화 의원의 보좌관이라는 사실은 우리 남매들 사이에서는 너도 알고 나도 아는 사실이었다. 법적인 문제가 불거지자 한나라당의 서정화 의원은 한춘자를 만난 사실도 없으며 동명이인인 민주당의 서정화는 아니냐고 미꾸라지처럼 빠져나갔다. 오히려 고소자인 내가 명예훼손으로 처벌을 받아야 했으니 세상에 이렇게 기가 막히고 코가 막히는 일이 또 있을까.

서정화 의원의 재종형(6촌형)인 서정귀는 박정희 대통령 대구사범학교 동창이다. 술자리에서 박정희가 대통령이 되면 서정귀는 기업체 사장이 되고 싶다고 하여 아버지가 강력 추천을 해서 호남정유 사장이 되지 않았던가. 오래 전부터 서정화 의원은 우리 집과 박정희의 관련 정보를 알고 우리 가족 인적사항을 관리한 건 아니었을까?

인간말종 국힘당 상임고문 서정화 의원은 진실을 묻어두고 피해자를 처벌받게 할 목적으로 새빨간 거짓말을 뻔뻔하게 하였다. 중앙정보부, 특수부 검찰, 금융감독원 등은 박정희의 범죄적 통치자금을 묻어두고 한춘자의 목에 방울을 달아 국민의힘당 서정화 상임고문이 키맨이 되어 아직까지 이 돈을 잘 주무르고 있다. 나는 그가 천당이든 극락이든 가지 못하게 할 것이다. 그의 후손들 역시 잘난 선조 덕에 부귀영화를 누려서는 안 된다. 나는 제발 그가 나를 고소하기를 바란다.

서정화는 2013년 박주선 의원과의 재판에 증인 불출석사유서를 내고 출석하지 않았다. 언니를 처음 만났을 때 '한동빈'이라고 가명을 댔던 인간. 불출석 뺑소니 이유가 가관이다.

　-본 서정화(徐庭和)는 이 사건에 대해 아는 바가 전혀 없다.

　-동명이인인 민주당의 서정화(徐庭華)와 혼동한 나머지 발생한 일로 사료된다. 민주당의 서정화가 관련 있을 가능성은 있다.

　-본인은 민정, 민자, 신한국, 한나라당에서 정치했으므로 민주당의 박주선과 관계가 있을 수 없다.

　-강홍석은 내 보좌관이 아니며 모르는 사람이다.

　-전혀 아는 바 없으므로 출석한들 도움이 안 될 것이니 사유서 제출로 갈음한다.

증인 불출석사유서

사건: 2011고정1061 정보통신망이용촉진및정보보호등에관한법률위반(명예훼
손)등

성명: 서 정 화 (徐 庭 和)

주소: 서울시 종로구 구기동 ▓▓▓▓▓▓▓▓▓▓▓

1. 상기인은 귀원으로부터 위 사건과 관련하여 2013. 1. 29. 14:00에 귀원 제4
호 법정에 출석하라는 증인소환장을 받은바 있습니다. 그러나 상기인은
위 사건에 대하여 전혀 아는 바가 없으며, 그럼에도 불구하고 위 사건의
피고인이 상기인을 증인으로 신청한 것은 상기인을 상기인과 성명이 동일
한 다른 전직 국회의원 서정화(徐庭華)와 혼동한 나머지 발생한 일로 사료
됩니다. 이하 상세히 살펴보겠습니다.

2. 상기인은 이 사건 공소사실에 대하여 전혀 아는 바가 없습니다.

가. 상기인은 민주당과는 전혀 관련이 없습니다.

상기인이 파악한 바로는 이 사건 공소사실의 요지는 "피고인이 김대중 전
대통령 비자금을 그 측근인 국회의원 박주선이 빼돌렸다는 등의 사실을
허위사실을 인터넷에 유포하여 국회의원 박주선의 명예를 훼손하였다"는
것입니다.

그러나 상기인은 1985년 민주정의당 소속 제12대 국회의원으로 정계에 입
문한 이래 제16대 국회의원에 이르기까지 줄곧 그 후신인 민주자유당, 신
한국당, 한나라당 소속으로만 정치활동을 하였으며 현재도 새누리당의 고

기인은 피고인이 거론하는 김대중 전 대통령 비자금 또는 민주당 국회의
원 박주선 등과는 어떠한 관련도 있을 수 없습니다.

나. 상기인의 보좌직원중 강홍석이라는 인물은 없습니다.

또한 상기인은 이 사건 공소사실에 '서정화 국회의원 보좌관 강홍석'이라
는 인물이 관련되어 있는 것으로 알고 있습니다.

그러나 1989. 7. 24.부터 2004. 5. 30.까지 상기인의 보좌관으로 재직한 바
있는 임춘건의 진술에서 알 수 있는 바와 같이, 상기인이 국회의원으로
재직하는 동안의 역대 보좌직원 중에 강홍석이라는 사람은 없습니다(첨부
서류 2. 사실확인서, 첨부서류 3. 경력증명서, 첨부서류 4. 서정화(徐庭和)
의원실 역대 보좌직원 명단).

다. 소결론

위와 같은 사실에 비추어 볼 때 상기인은 국회의원 박주선 등 민주당 소
속 정치인들이 관련된 이 사건 공소사실과는 전혀 관련이 없습니다.

3. 상기인과 동명이인인 전직 국회의원 서정화(徐庭華)와의 혼동가능성

한편, 상기인과 성명이 동일하고 활동연대가 비슷한 전직 국회의원 서정
화(徐庭華)의 경우 김대중 전대통령의 재임시기인 1998.경 신한국당에서
새정치국민회의로 당적을 변경하였으며, 이후 2000.경 새정치국민회의의
후신인 새천년민주당 후보로 제16대 국회의원선거에 출마한 바 있습니다
(첨부서류 1. 상기인 등의 약력 참조).

따라서 전직 국회의원 서정화(徐庭華)가 이 사건 공소사실과 관련이 있을 가능성은 있으며, 피고인이 상기인을 위 전직 국회의원 서정화(徐庭華)로 오인한 나머지 상기인을 이 사건에서 증인으로 신청하였을 가능성이 높은 것으로 사료됩니다.

4. 결 론

결국 상기인은 이 사건 공소사실에 대하여 전혀 아는 바가 없으므로, 상기인이 귀원에 출석한다 한들 이 사건 공소사실의 진실규명에 전혀 도움이 되지 않을 것으로 사료됩니다.

상기인이 귀원에 출석하여 위와 같은 사정을 직접 말씀드리는 것이 도리일 것이나, 상기인은 현재 80세의 고령에 건강마저 양호하지 못한 탓에 본 사유서의 제출로 갈음하고자 합니다.

2013. 1. 22.

전 국회의원 서 정 화 (徐 庭 和)

2013년 1월 22일 박주선이 명예훼손으로 나 한영순을 고발하자 자연히 공증 사건의 핵심인 한나라당의 서정화도 등장했다. 그러나 그는 미꾸라지처럼 뻔뻔하게 빠져나갔다.(145~147쪽)

서정화, 윤증현, 박주선은 미꾸라지 3형제다. 2000년, 윤증현은 윤종한을 앞세워 공증한 뒤 한춘자 통장의 1조를 먹튀했다. 후일 재판에서 윤증현은 윤종한을 알지 못한다고 시치미떼었다. 5조1천억 재가확인서는 발급한 사실도 없으니 그리 알란다. 대한민국에서 국회의원을 하고 장관을 해먹은 자들이 이런 수준이라니….(149쪽)

윤증현 씨 여기 있소. 5조1천억 넣어준다고 당신이 달라던 서울(하나)은행 통장!(150쪽)

발신: 성명: 기획재정부 윤 증 현 前 장관
    주소: 서울시 영등포구 여의도 ▒▒▒▒▒

수신: 성명: 한 영 순
    주소: 남양주시 ▒▒▒▒

기획재정부 윤증현 前장관입니다.

한영순 씨가 말씀하시는 「1997년 11월 10일 문서번호 97형행 101-5332 발행한 7조2천150억원의 재가 확인서」에 대하여 전혀 알지 못하며, 발급한 사실조차 없음을 알리니 그리 아시기 바랍니다.

                                              2013. 05. 31

                                                윤 증 현

30

149

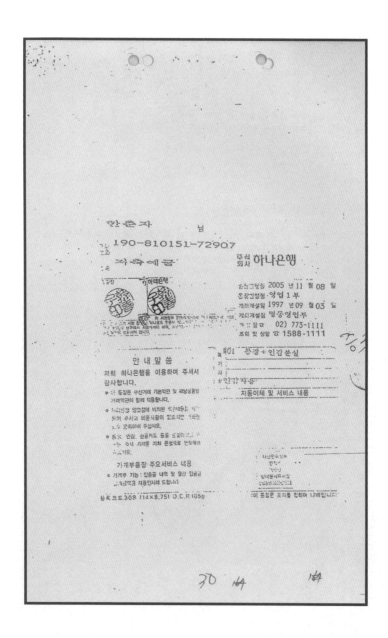

8) 브로커와 인채 오빠

인채 오빠가 공증에 직접 참여하지는 않았지만 극히 일부라도 관여된 것은 오랫동안 풀리지 않는 의문으로 남아 있었다. 공증사건 십여 년 뒤인 2014년 경 오빠는 동두천 요양병원에 있었다. 남편, 아들과 함께 방문하여 목욕을 시켜주고 오빠가 좋아하는 생갈비를 구워 식사를 했는데 오빠는 따로 조용한 틈을 타서 2000년 2월의 공증 이야기를 하고는 했다.

오래 전부터 우리 형제들 주변에는 브로커들이 많이 있었는데 누군가의 귀띔으로 한나라당 서정화 의원이 공증을 주선할 때 오빠도 참여하기 위해 여러 국회의원들과도 접촉했던 모양이었다.

"천호명이는 나랑 한동네에 살은 친구야. 우리 가족이 당감동에 살 때 천호명이도 당감동에 살았다고 하더라고. 내가 천호명을 만나보니 그때 얼굴이 기억이 났어."라고 했다. 오빠가 천호명을 자기 대리인으로 적극 밀어 넣은 것은 아니라는 것이다. 서정화 의원 보좌관 강홍석도 만났고 강홍석과 친한 자기의 친구도 만났다고 하였다. "박춘복(브로커)이랑 천호명 통해 얼마인지는 몰라도 그 돈이 어느 저축은행에 투자되어 이익금을 나에게 조금 준다는 모양이더라. 박춘복이

돈이 얼마 들어왔다고 전화하는데 내가 요양원에 있으니 돈
도 필요하고 그 돈으로 내가 잘 쓰고 있다." 나는 불쌍한 오
빠 생각해서 얼마 받느냐는 등 세세한 내용은 묻고 싶지 않
았다.

오빠는 '공증 사건' 이후 한나라당 서정화 의원이 공증한
사실이 없다고 하는 것이 불쾌하다고 하였고, 민주당 박주선
의원이 2000년 2월 14일 자신의 보좌관 김광성을 내세워 공
증한 것이 사실임에도 공증한 사실이 없다고 동생인 나를 허
위사실 명예훼손으로 고소한 것이 매우 화가 난다고 하였다.
나는 인채 오빠에게 "오빠 걱정 마세요. 내가 반드시 진실을
밝힐 겁니다."라고 했다. 오빠는 3년 정도 더 살고 돌아가셨
다. 투자를 했다며 약간씩의 이익금을 전달했던 브로커들은
그 뒤에 그 돈을 어떤 식으로 처리했는지 누구도 알 수 없다.

인간의 탈을 썼지만 짐승의 마음을 갖고 있는 서정화, 윤증
현, 박주선아. 손바닥으로 하늘을 가릴 수 있나? 하늘이 두
렵지도 않으냐? 하늘에서 우리 부모님이 내려다보시고, 우
리 일곱 남매가 다 알고 있다. 언제까지 네들의 범죄를 국가
가 묻어둘 수 있겠나? 시간이 흐르면 네들의 범죄는 또 나
오고 또 나올 것이다. 이제 박정희의 범죄, 네들의 범죄…. 그
실체는 낱낱이 다 밝혀질 것이다.

9) 협박하는 안기부 3차장 최준택

안기부가 돈을 관리하는 만큼 그들과 한춘자의 접촉은 빈번했다. 내가 언니의 서류 뭉치에서 발견한 이 서류들이 무엇일지 독자 여러분도 판단해보시기 바란다.

(전략)…그동안 저희들도 편안한 마음으로 근무한 적 없습니다. 한 여사님 개인한테 화살을 돌리지 마시고 우리들 다 함께 두 손 모아 가슴깊이 고개숙여 용서를 빕니다. 한 여사님 가정에 행복과 행운, 그리고 건강이 회복하시길 빌며 앞으로 한 여사님의 권리를 보장하고 타인한테 나쁜 침해 행위에 대하여 보호하겠습니다.

"단" 보안을 꼭 지켜주시고 앞으로 청운대사외 다른 분이 통장을 손에 쥐고 움직이는 행위는 용서를 하지 않습니다.

2006년 5월 24일

안기부 3차장 최준택

그동안 저희들도 편안한 마음으로 근무한적 없습니다.

한여사님 개인한테 화살을 돌리지 마시고 우리들 다함께 두손모아 가슴깊이 고개숙여 용서를 빕니다.

한여사님. 가정에 행복과 행운. 그리고 건강이 회복하시길 빌며 앞으로 한여사님의 권리를 보장하고 타인한테 나쁜 침해 행위에 대하여 보호하겠습니다.

"담" 보안을 꼭 지켜주시고 앞으로 청운대사의 다른 분이 통장을 손에 쥐고 움직이는 행위는 용서를 하지 않습니다.

2006년 5월 24일

안기부 3차장 최 준 택

위 임 장

위 임 인 : 한 춘자(韓春子) 45 ███████

　　　　부산광역시 부산진구 부전 ███████

수 임 인 : 청 운 대 사

　　상기 위임인은 수임인에게 첨부
확인서상의   4개 통장에 대한
금융 확인 업무를 위임합니다.

　　첨부 : 확인서 (외환은행 . 조흥은행
　　　　　　　　제일은행 . 국민은행
　　　　　　　　통장사본)

　　　　2006 . 5. 26

　　　위임인   한   춘 🔴

1P

안기부 3차장 최준택은 한춘자에게 청운대사만 상대할 것을
요구했다. 그 이외의 사람들과 일체의 거래를 하지 말라며
그럴 경우 용서를 하지 않겠다고 했다. 그는 보호 약속으로
양념을 친 이 협박 문건을 준 뒤 이틀 뒤에 청운대사를 보내
4개 통장 사본을 가져갔다.(154쪽과 155쪽)

안기부 3차장 최준택은 5월 26일 가져간 서류에 무언가 미
흡한 사항이 있었던 모양으로 6월 19일 다시 서류를 보강(?)
해 갔다. 용처가 무엇인지 나는 모르겠지만 브로커 일을 한
사람들은 잘 알 것이다.(157쪽)

청운도사를 통해 최준택이 언니 앞에 흔들어 보여준 <특수
계좌 관리자금> 문건의 일부. '너는 우리 손 안에 있어….'
이런 이야기를 하고 싶었던 걸까?(158쪽)

한 여사

이 사본은 한순자 여사가 원본을
소지하고 있음을 증명함 2006. 19 인장

통장 사본

[사본임]

인 수 증

① 위 통장 7EA를 인수함
② 금액
③ 기일 (5월)
위 사항을 이행치 못했을 경우
민 형사상 어떠한 처벌이라도
받게 받겠음

3차장 : 최준택

주민번호 :

주 소 :

특수계좌 관리자금 ~~~

성명	주민등록번호	주 소	은행명	계 좌 번 호	금 액
원유순	430	용산구 한 ~	우리은행	176-06-074568외19개	5조
~ 수	520	송파구 ~~	동화은행	별단계좌 110413-70422-00061-8	7조
김용권	541	금천구 시흥	국민은행	056-240238-523	7조7400억
이성식	361	부천시 오정 37	국민은행	061-21-8017-614 061-31-8017-614	5조
한춘자	450	부산 동래구 은천 31	서울은행	계좌6개	금액미상
권영옥	480	송파구 석촌동 1 태원빌라 8동 1C	우리은행	계좌11개	3조7천억
성동복	390	동대문구 전농동	우리은행	계좌45개	37조
손쌍훈	500	은평구 갈현동 2~	강동복계좌 남일	계좌8개	7조
권순도	570	양천구 신월 ~	청동복계좌 통일	계좌8개	7조
조병선	36	동작구 노량진본동	동화은행	시중은행계좌16개	36조
임한만	54	성북구 성북동	국민은행	계좌16개	1조3천억
김기제	34	관악구 봉천동	서울은행 동화은행	계좌21개 계좌3.121개	6조 32조
김석규	27	송파구 신천동 ~ 장~~~ 29~	시중은행	계좌미상	37조
구숙녀	30	주소동일	~		
박정옥	57	강동구 천호	신한은행 신한증권	310-99-39913 004-11-150260외2개	88조
김영채	46	광진구 능동	신한은행 신한증권	312-93-4640660 004-11-1502260외2개	17조6천억
최~~	39	서대문구 ~~	농협외5개 주~~은행	001-12-333643외16개	32조
박진근	56	성북구 ~~ 500 ~~ 중~	농협 농내지점	계좌1 계좌2	2조7천억 783억
장복용	120조	*김~수 *손봉숙 *이재근	*최명신 ◯	*민혜숙 *황복임 *명인교	*~민현
서봉조	150조	*박종국620조 *박종대	*유동초	*심재영 *송혜구 *나승재	*구순남
흥미애	정덕실	*박영호 *최영호 *함흥산	*해정희	*이경석 *황병수 *김진섭	

★통장칼라복사(앞면 / 잔액면)

2

158 박정희 비자금 우리 통장에 있어요

10) 한영순, 투사로 변신하다

지금까지 인채, 경채 오빠와 춘자 언니 등 형제들의 몰락을 가슴 아파하며 지켜보던 나는 어머니가 쓰러지신 후 저돌적으로 사업을 했다. 아파트 아시바파이프 임대 가설업을 본사에 하청을 받아 돈을 벌었는데 6년 후인 1997년 IMF 직격탄을 맞았다. 쓰러져 휠체어를 타게 되자 1998년 초부터 언니의 제안대로 춘자 언니가 거처하는 포천의 베어스타운에서 1년을 머물렀다. 언니와 함께 생활하면서 나는 지금까지 발생한 이 모든 문제의 중심에 서정화, 윤증현, 중앙정보부(안기부)가 있다는 것을 알게 되었다. 춘자 언니가 써보지도 못하는 언니 통장의 천문학적인 돈 때문에 그 세력들에게 끌려다니며 살고 있다는 것도 알게 되었다.

박정희가 온갖 감언이설과 위력으로 내 부모님의 천문학적인 돈을 강탈해 내 부모님의 일생 뿐 아니라 그 자식까지 영혼을 털어 버렸다. 언니 한춘자 통장에 있는 돈, 검은 세력, 국정원에서 관리하고 있는 돈을 찾겠다고 맹세, 또 맹세를 했다. 언니의 도움으로 몸을 추스른 뒤 1999년부터 2008년까지 십 년간 눈이 오나 비가 오나 이를 악물고 경마장에서 수표 환전을 하며 돈을 벌었다. 2008년부터 5만원권이 나오니 그것도 벌이가 되지 않아 그만두었다. 돈도 어지간히 모

은 터였다. 2009년부터 부모님과 형제들의 한을 닦아 줄 투
사의 삶이 시작되었다.

2019년 서정화, 박주선, 윤증현을 상대로 법적
다툼을 하고 있을 때 1인 시위하는 한영순

나는 한나라당 국회의원, 한나라당 안기부 출신 변호사를 50명 이상 만났다. 그들은 나에게 이 돈은 한춘자 돈이 아니며 한춘자는 이 돈을 번 사실이 없다고 말했다. 그들은 이 돈은 박정희가 재벌 기업체 등에서 모은 돈이며 박정희가 만든 통치자금이라고 했다. 다시 말해 우리와 무관하니 권리 주장을 하지 말라는 말이었다.

나는 이 돈이 내 부모님의 유산이고 내 부모님이 부산 군부대 총포재생창, 타이어재생창 등에서 군인 상대로 민간인 식당 일명 PX 하실 때 박정희가 내 부모님께 대통령 되겠다고 1953년부터 3년간 빌려간 돈을 중앙정보부가 내 언니 한춘자 통장에 넣은 돈이라고 맞섰다. 사실을 확인하기 위해 한춘자 통장 거래 내역으로 돈의 진실을 밝히면 되지 않는가 말이다. 그들의 말처럼 박정희가 기업 등에게 받은 통치자금인지 아니면 내 부모님의 유산인지 조사하면 다 나올 것이라고 반격했다.

나는 중앙정보부 출신 양지회(중앙정보부/국정원 퇴직자 친목단체) 사람들을 많이 만났다. 그들은 다 국민의힘당 하수인이었고 나를 관리하는 관리자였다. 나의 모든 것을 알고 있었다. 그들은 춘자 언니 통장에 500억 원이 든 것도 보여주었고, 800억 원이 있는 통장도 보여주었다. 그들은 이 통장을 보여주기는 해도 복사는 해줄 수 없어 미안하다고 했다. 노태우 정권 때 춘자 언니 돈을 외국에 가져다 놓았다는 전 중앙정보부 출신을 만나기도 했다. 어떤 이는 춘자 언니 돈이 있는 미국 라스베이거스로 가서 돈을 찾자고 하였고, 모든 경비는 자신들이 쓸 테니 춘자 언니 모시고 미국으로 가자고도 하였다. 물론 춘자 언니는 무서워서 안 간다고 하였고, 나 역시 그들을 믿고 미국으로 가는 것은 위험하다고 생각했다. 도대체가 믿을 구석이 없는 사람들이었으니 말이다.

나는 저들의 회유나 협박이나 감언이설에 휘둘리지 않는다. 그들이 우리 형제들을 어떻게 망쳐왔는지, 그들이 우리를 어떻게 속여 왔는지 두 눈으로 똑똑히 보아왔기 때문이다. 나는 정공법으로 그들과 싸울 것이다. 그들은 내게 무슨 짓을 할지 모른다. 나 역시 두려울 때도 있다. 그러나 내 부모의 한과 후손들의 미래를 생각하면 나는 저들과 타협하거나 굴복할 수 없다. 그러다가 언제 어떻게 될지 모르니 지면을 빌어 아들에게 말하고 싶다.

아들아, 나는 너의 엄마이기도 하지만 나는 내 엄마의 막내딸이기도 하다. 나는 1979년 이전에 엄마가 울 때 영문도 모르고 엄마 따라 울었지만 1979년 이후 엄마가 슬픈 얼굴일 때 나는 엄마의 가슴에 피눈물이 흐르는 것을 볼 수 있었다. 내가 해야 할 일은 내 엄마의 억울하게 눈물을 흘렸던 사건의 진실을 밝히는 것이다. 내 생명 끝나는 날까지 내 엄마의 한을 풀어 드릴 것이다. 그것이 또한 미래에 너희들이 공정한 삶을 사는 데 보탬이 될 것이다.

9. 처절하게 짓밟힌 자구책

지금까지 기록한 이야기들을 채무자
와 채권자 쪽 사정으로 정리해 본다.

1) 채무자(박정희와 관리자들) 쪽 사정

-박정희는 1950년 한국전쟁 시작 무렵에도 대통령 야망을 주변인들에 스스럼없이 드러내고 다녔다.

-야망을 위해 돈이 필요했는데 북에서 내려온 부자 한희승을 통해 큰돈을 성공적으로 확보했다.

-돈을 갚고 싶지 않아 한희승에게 무례한 행동을 했는데 사망했으니 금상첨화!

-군부대에는 그들의 채권채무 관계에 대해 아는 사람들이 많았고 채권자 한희승이 채무자 박정희와 언쟁 후 곧바로 사망했다는 사실은 널리 알려져 있다.

-채권자의 아내 백금남 주변에는 친한 군인들이 많아 섣불리 제거할 수 없었다.

-군인 박정희는 엄마의 면담 요구에 응했지만 대통령이 된 후에는 부하를 시켜 큰 돈을 받아 갖고 있으면 빨갱이로 몰리는 독이 될 수 있다고 위협했다.

-채권자에게는 7명의 자식이 있었고 박정희에게 그들은 부담스러운 존재였다.

-채권자인 한희승의 아내에게는 잠깐의 구속으로 권력의 무서움을 보여주었다.

-딸 한춘자의 통장에 돈을 넣어주되 빼어 쓰지는 못하게

했다.

-한춘자에게는 심복 김종찬을 붙여 인적 물적 관리를 했다.

-전두환의 신군부는 박정희의 비자금을 모두 재정비하고 하나회를 통해 운용했다.

-신군부의 하나회와 안기부로 돈의 관리가 바뀌면서 돈은 한희승과 무관한 '통치자금'으로 인식되기 시작했다. 한춘자를 '인감 자판기'쯤으로 여기며 무시하기 시작했다.

-장남 한인채는 신부전증 환자가 되었고, 차남 한경채는 행방불명이 되었으니 신경 쓸 것 없다.

-유혹에 쉽게 휘둘리는 계좌주인 한춘자에게도 3년의 구속을 통해 권력의 무서움을 보여주었다.

-서정화, 박주선, 윤증현처럼 내용을 아는 실세들은 한춘자를 속이고 거액을 먹었다.

-이후락은 한춘자의 통장에서 거액을 빼내갔으며 2009년 사망 직전까지도 한춘자에게 빨대를 꽂으려 했다.

-통장계좌의 주인인 한춘자는 여관을 전전하며 폐인이 되어가고 있다.

-2009년, 뒤늦게 나타난 채권자의 막내딸인 한영순은 골치 아픈 존재다.

2) 채권자1(한춘자) 쪽 사정

-박정희와 이후락은 아버지의 돈을 한춘자 계좌에 넣고 부하 김종찬을 시켜 한춘자 곁에서 그 돈을 활용하여 부동산업, 상업차관 등 사업을 하게 했지만 오래도록 눈치 채지 못했다.

-김종찬은 신군부 들어서기까지 30조의 돈을 한춘자 통장으로 관리하고 있었다.

-부동산중개소를 열어 하나회, 양지회(중앙정보부) 사람들과 사업을 했다.

-박정희 사망 후 하나회, 양지회, 민주공화당, 민주정의당, 민주자유당, 신한국당, 한나라당 등 보수당 계열에서는 이 돈을 이용해 막대한 부를 창출하고 있다. 이 돈을 이용할 때에는 한춘자의 인감증명서와 인감이 반드시 필요하다. 한춘자는 천 장이 넘는 인감을 떼어주며 '수고비'를 받는 소모품으로 전락했다.

-말을 안 들을 때는 사건(망자 김원길의 고소건 따위)을 조작하여 한춘자를 혼내기도 했다.

-징역을 사는 동안에도 저들은 한춘자의 위임장을 받아 돈을 활용했다.

-정권이 바뀌어 그 돈의 일부를 인출해 나누기로 공증(서

정화, 박주선, 윤증현 관련 사건)을 해 주었지만 자기들만 가져가고 한춘자에게는 끝내 아무것도 주지 않았다.

　-김대중 정부가 도와주려고 해 보았으나 역부족이었다.

　-안기부(국정원), 금융감독원, 재경부 등 비자금의 내용을 아는 자들은 호시탐탐 돈을 갈취하려 애썼고 한춘자는 '인감장사꾼(인감 자판기)'이 되었다.

　-현재 기동력이 현저히 떨어진 한춘자는 여관을 전전하며 관리자(브로커)들에 의해 최소한의 생계비만을 받고 인감을 떼어주고 있다.

3) 채권자2(막내 한영순) 쪽 사정

-대통령이 되겠다며 1950년대에 아버지의 막대한 돈을 탈취한 박정희는 대통령병 환자다.

-아버지의 돈을 찾으려 노력했던 어머니는 박정희, 이후락의 공갈협박에 냉가슴을 앓고 살았으니 너무 안타깝다.

-1998년 IMF 때 큰 타격을 입어 쓰러졌을 때 춘자 언니와 지내면서 건강을 회복할 수 있었고 춘자 언니의 '통장' 내용도 비로소 알게 되었다.

-중앙정보부, 안기부, 국정원은 권력의 하수인에 불과하다. 정권이 바뀌면 잠깐 말을 갈아타지만 본 줄기는 박정희, 전두환, 국힘당(공화당~국힘당) 계열이며 그들이 비자금을 관리하고 있다.

-김대중 정부 들어서며 구 안기부 신 국정원간의 알력으로 비자금 통장 전체 윤곽이 드러났다.

-언니의 통장 외에도 그들이 관리하는 돈의 규모는 엄청나다.

-상당한 금액이 수구권력의 유지, 정권재창출을 위한 보물창고로 이용되고 있다.

-국가정보원이라고 하기에는 무색할 정도로 친절하고 예의 바른 모습을 보여주다가도 자신이 원하는 일이 끝나거나,

일이 뜻대로 안 되면 바로 늑대 이빨을 드러내더라.

- 그들이 주는 당근에는 독이 들어 있기 마련, 절대로 먹지 말아야 한다.

- 나는 또한 박정희 부역자, 추종자들에게 아부하며 봉같이 굴지 않는다.

- 나는 그들에게 약점 잡히지 않기 위해 소 같이 일했다.

- 춘자 언니를 데려다 함께 살고 싶지만 언니는 여관이 더 안전하다고 우긴다.

- 나 역시 가까이에 남편과 아들이 없었으면 테러당해 죽을 수도 있겠다는 생각을 늘 한다.

- '신사도를 지키는 예의 바른 진보 정부'로는 거대하고 교활한 검은 비자금을 잡을 수 없다.

- 교활한 사기꾼 서정화, 윤증현, 박주선을 상대로 법의 판단을 구했지만 그들은 늘 그물을 찢고 나간다.

- 나는 그물 밖을 유유히 헤엄치는 그들을 보고만 있지 않을 것이다.

4) 이후락, 악착같이 빨대 꽂다

이미 2000년 2월에 서정화, 박주선, 윤증현은 윤증현이 마련해 온 5조1천억 원을 한춘자를 배제한 채로 나누어 먹튀한 전력이 있다. 그런데 놀랍게도 윤증현의 5조1천억 원의 재가확인서는 7년 후에 이후락에 의해 알뜰하게 재활용된다.

이후락이 죽기 전까지 심부름을 했던 이후락의 전령 배손근은 2007년 1월 25일 (가칭)다물복지재단 또는 (가칭)사단법인 다물복지센터 설립추진위원장 자격으로 한춘자를 찾아왔다. 그는 놀랍게도 10년 전 발행된 윤증현의 재가확인서를 근거로, 국가유공자복지주택(총 80만호)를 짓겠다며 5조1천억을 기증받는 각서를 들이밀고 관련 서류를 만들어 간다.

한춘자는 이미 2000년에 5조1천억 재가확인으로 5조1천억을 인출하여 서정화 등이 먹튀한 사건을 겪었지만 다시 그 재가확인을 활용하여 5조1천억을 인출하려는 이후락의 알뜰한 재활용에 또다시 이용당하게 된 것이다. 배손근은 자신을 포괄적인 법적 수임인으로 지정하고 제세공과금과 경비 등을 제외한 실수령액의 9.98%를 기증인에게 현금으로 지급하기로 하고 나머지는 기증각서의 목적대로만 사용하겠다고 하는 위임약정서를 주며 한춘자에게 도장, 인감증명서를 받아갔다.

돈의 존재를 아는 자들은 어떻게 해서라도 통장의 실명주인
인 한춘자에게서 필요한 서류들을 만들어 돈을 자기들의 수
중에 넣었다. 배손근은 이후락이 죽기 직전까지 심부름을 다
녔다.

위 임 약 정 서

별첨 『예금 기증각서』(2007/01/25)의 「기증 내역 및 조건」에 따라 기·수증키로 된 국내 은행예금 5조1,000억원에 대해 이를 확인하고 찾는 업무를 수행함에 있어 기증인임과 동시에 위임인인 한춘자는 수증인인 배손근을 법적 수임인으로 선임하여 아래의 위·수임 조건대로 모든 업무 일체(각종 소송행위 포함)를 수임인에게 포괄적으로 위임할 것을 각각 위·수임 약정용 인감증명서를 첨부하여 약정한다.

----- 아   래 ----

(1) 수증인이며 수임인인 배손근은 위 은행예금을 확인하고 이를 찾았을 경우 기증인이며 위임인인 한춘자에게 이미 노인이된 기증 및 위임인의 노후 보장을 위한 생활기금으로 제세공과금과 경비 등을 제외한 실수령액의 9.98%를 현금으로 지급하며, 나머지는 모두 상기 별첨 『예금 기증각서』의 사용 목적대로만 사용하여야 한다. .

(2) 기증 및 위임인 한춘자는 수증 및 수임인 배손근이 위 수임업무를 수행하는데 지장이 없도록 필요한 모든 자료(각종 관련 문건 등)는 물론 알고 있는 각종 정보를 하나도 빠짐없이 모두 제공하여야 한다.

(3) 상기 위임 업무를 처리함에 있어 소요되는 경비 일체는 모두 수임인이 선 부담한다.

(4) 수임인은 이 약정 성립일로부터 6개월 이내에 위 수임업무 처리를 종결하여야 하며, 위 기간이 만료되면 이 건 위·수임계약은 자동 해지된다. 다만, 소송으로 위 예금 지급을 청구할 경우에는 위·수임 약정은 그 확정 판결 때까지 계속된다.

❖ 첨부서류 : ① 위·수임인 각자의 주민등록등본 각 1부
                  ② 위·수임인 각자의 인감증명서 각 1부
                  ③ 위·수임인 각자의 주민등록증 사본 각 1부

2007년 1월 26일

위임인 : 주   소 : 부산광역시 동래구 온천█████
            주민등록번호 : 45████████████
            성   명 : **한 춘 자(韓 春 子)**   (인)

수임인 : 주   소 : 서울특별시 은평구 응█████
            주민등록번호 : 46████████████
            성   명 : **배 손 근(裵 遜 根)**   (인)

5) 이후락, 죽기 전까지 만나달라고 여러 차례 사정하다

2009년 3월 경 나는 언니의 부탁으로 종로구 레드폭스 레스토랑에서 예전 중앙정보부 소속이었던 배손근 정치학 박사를 만났다. 2년 전에 복지재단 만든다며 5조1천억을 빼갔던 자다. 배손근 박사는 이후락이 한춘자를 만나 정리해야 할 일이 있으니 자신이 입원해 있는 병원으로 데리고 오라고 여러 차례 부탁하더라는 말을 했다. 이미 배손근 박사를 만났던 춘자 언니는 "이유가 뭡니까? 무슨 이유로 모래알처럼 하찮은 한춘자를 이후락 부장님께서 만나고 싶어 하십니까?" 따지듯 물었는데 한춘자 통장을 이후락 부장이 관리해 왔다고 하면서 죽기 전에 정리할 게 있으니 꼭 오라는 말을 되풀이했단다. 언니는 눈물을 펑펑 흘리면서 이후락 부장님께서 건강하실 때 나를 만나서 해결해야지 지금 만나서 무엇을 해결하느냐면서 안 만나겠다고 했단다.

그랬는데도 이후락은 포기하지 않고 계속 사람을 보내니 언니가 또 만날 필요가 없다고 생각해 나를 내보낸 것이다. 나는 언니가 코치한 대로 배손근 박사에게 '내가 언니 대신 이후락에게 가면 안 되겠냐?'고 물었다. 만약 참회를 위해서라면 이후락은 동생인 내게라도 죽어가는 마당에 자기의 죄악을 밝히고 용서를 구할 수 있을 것이었다. 그러나 배손근은 곧바로 고개를 저었다. 그간 이후락이 자식들의 생명을 위협하며 사악하게 어머니를 공포분위기로 몰아 관리해왔던 것을 생각해 보면 참회나 반성의 뜻을 표하기 위해서는 아니었음이 분명했다. 죽기 전 합법적인 갈취를 위해 춘자 언니의 협조가 절대적으로 필요했기 때문이었으리라.

배손근 박사는 이후락의 심부름으로 9월에 다시 언니를 찾아왔는데 이번에도 내가 언니 대신 약속장소에 나갔다. 같은 대화가 반복될 뿐이었다. 다음 달에 이후락은 뜻을 이루지 못하고 사망했다. 숨이 넘어가기 직전까지 돈을 손에 넣고자 했던 이후락. 손에 돈을 얼마나 쥐고 저승길에 올랐을까.

6) 2009년 이명박 대통령에게 청원서 낸 후 덮쳐 온 죽음의 그림자

2009년부터는 투사가 되어 전면전을 시작했다. 언니가 겪고 있는 일들이 예삿일들이 아니어서 옆에서 그냥 보고만 있을 수 없었기 때문이다. 이명박에게 2009년 7월 청원서를 냈다. 7월 이후 집 근처에서 열다섯 차례의 크고 작은 교통사고를 당했다.

우리 집은 인가와 조금 외따로 떨어져 있으며 보기에는 비닐하우스 창고처럼 보인다. 마당에 트럭이 드나드니 번듯한

대문도 없고 도로도 그다지 좋은 편이 아니다. 보통 남편과 아들은 아침 일찍 출근하기 때문에 나 혼자 있는 경우가 많다.

12월 중순 어느 날 아침 8시 20분. 보통 같으면 모두 출근하고 나 혼자 있을 시간이었다. 40~50대로 보이는 덩치 큰 남자가 가방을 들고 불쑥 현관 안으로 들어왔다. 한 손에는 목사들 들고 다니는 정도 크기의 가방을 들고 한 손에는 양말 서너 개를 담은 비닐봉지를 들고 있었다.

"아주머니, 양말 사세요."

"네? 이 아침에 무슨 양말이요?"

나는 그의 손에 들려 있는 비닐봉지의 양말을 열어보려다가 그의 가방 안을 들여다보게 되었다. 가방 한쪽에는 같은 모양으로 담은 비닐봉지가 서너 개 있었고 한쪽에는 무언가 가늘고 긴 것을 검은 비닐에 둘둘 말은 게 보였는데 나무로 된 손잡이가 밖으로 삐죽이 드러났다. 나는 흠칫 놀라 뒤로 물러났다. 안에서 남편이 나왔다. 마침 그날 남편은 건강 검진을 받기로 한 날이라 출근하지 않았고 아들 역시 자동차 검사를 받는 날이라고 집에 있었다. 양말 장사는 슬며시 가방을 들고 밖으로 나갔다. 이후 남편은 회사에 사표를 냈고 나는 절대로 혼자 집에 머물지 않는다.

7) 안기부 출신 윤제영 변호사,
우리 청와대 민원 내고 사망

2010년 춘자 언니는 유능한 분이라는 소개를 받고 안기부 출신 윤제영 변호사를 선임했다. 윤 변호사는 이명박 정부의 청와대 민정수석에게 진정서를 내고 금융감독원과 각 은행권에 한춘자 금융정보 공개청구를 했다. 그는 안기부 출신답게 일머리가 있었다.

윤 변호사는 각 금융권과의 통화로 한춘자에게 위임장을 받았으니 한춘자 금융정보를 공개하라고 요청하였으나 금감원 등 각 기관에서는 공개할 수 없다고 하였다가 이모저모로 따지자 할 수 없이 한춘자 돈은 관리인이 있다고 실토했다. 윤 변호사 옆에서 통화 내용을 다 들은 우리는 대한민국의 금융권이 다 짜고 치는 도둑놈 무리라는 생각을 했다.

윤 변호사는 마땅히 공개되어야 할 정보를 감춘다며 아직도 대한민국은 민주주의가 아니고 국민의 인권도 보장받지 못한다며 기자들 불러서 기자회견 하겠다고 여기저기 소문을 냈다.

시간이 흘렀는데 윤제영 변호사로부터 연락이 없었다. 윤 변호사 사무실로 찾아갔더니 그는 이미 이 세상 사람이 아니라고 했다. 수소문해 보았으나 사인은 알 수 없었고 자살했다는 소문만 무성했다.

우리 자매는 윤 변호사 사망 소식에 망연자실했고, 이 썩을 나라에서 힘없는 피해자로서 어떻게 살아갈 수 있을지 앞이 막막하여 서로 붙들고 통곡했다. 우리 자매는 윤제영 변호사께 정말 많이 고맙고 죄송했다. 이 지면을 빌어 윤제영 변호사님의 명복을 빈다. 진심으로 존경스럽고 감사한 분이다.

청 원 서

수 신 : 대통령실 민원제도개선비서관 이상목 귀하

      서울특별시 종로구 청와대로 1

청원인 : 한 춘 자

      부산광역시 부산진구 부전동

      위청원인의 대리인 변호사 윤제 ͧ

제 목 : 청원인소유명의 금융자산정보공개 및 권리구제에 대한 청원

1. 먼저 청원인은 대한민국의 발전과 선진화를 위해 불철주야 애쓰시는 대통령님을 비롯한 대통령실 여러분들의 노고에 깊이 머리 숙여 감사와 경의를 표합니다.

2. 다름이 아니라 청원인은 청원의 망부 한희승의 딸로서 위 한희승은 일제시대 광산업 및 6. 25사변을 전후로 거제도 PX운영권을 독점하는 등으로 사업수완을 발휘하여 막대한 부를 이루어 나가던 중 청원인이 4세 되던 1956년 갑자가 심장마비로 사망(첨부1. 가족관계증명원 참조)한 후 그간 위 한희승이 이룬 막대한 천문학적인 자산(주로 현금 및 부동산)이 정상적으로 상속인등에 의해 관리되지 못하고 위 한희승의 생전에 위 한희승과 관련된 권력실세 등에 의해 변칙적으로 관리되어 온 사실을 1982년경 소위 그간 권력주변에서 저질러저 온 부정축재자의 재산을 조사·정리하는 과정에서 청원의 김종찬이라는 자가 청원인명의의 금융자산으로 금30조원

(그 외 부동산 20조원상당으로 전해 들음)을 관리해온 사실을 조사당국에 실토함으로써 청원인도 이러한 사실을 알게 되었습니다.

3. 그 후 1983년경부터 최근까지 무수한 무리들이 청원인의 위 금융자산을 찾아주겠다고 나섬으로써 생활고에 시달리던 청원인은 그들에게 이리저리 끌려 다니며 모진 세월을 보내왔는바, 그 실상을 필설로는 다하기 어려운 실정입니다.

특히 1983년 생면부지의 하나회출신의 서정화가 자신의 신분을 숨긴 채 해결사를 자처하고 나서면서 청원인으로부터 인감증명서등 서류만 받아간 후 종적을 감춘 것을 시작으로 성명불상의 국민은행장, 위서정화가 데리고 나온 재무부 윤증현이사관(현 지경부장관), 문민정부시절 실세를 자처한 인사, 국민의 정부시절 박주선의원(보좌관 김광성 명의로 성공보수약정까지 체결함), 김태동 금융통화위원, 참여정부시절 대통령측근인사 외에 김만복 국정원장 및 그 측근을 자처한 인사 등 권력실세 들을 빙자한 수많은 사람들이 청원인의 금융자산을 찾아준다는 명목으로 그간 청원인에게 받아간 인감증명서만도 약200통은 될 것이나 그 후로는 모두가 청원인의 가슴에 멍을만 남긴 채 종무소식이었습니다.

청원인은 재무부 이사관시절의 위 윤증현장관을 수차 만나 청원인의 금융자산 중 금7조2천1백50억원이 청원인명의로 실명전환하는 과정에서 국세청에 세금처리도 마쳤다는 사실과 그중 5조1천억 원을 청원인에게 지급하겠다는 사실을 확인하였는데 위 윤증현장관은 청원인에게 재가확인서(첨부2. 재가확인서 사본 참조)를 해준 장본인입니다.

그리고 <u>1998년 경에는 서울중앙지검(1110호 최윤석검사)</u>에서 청원인의 금융자산 2조3천억원에 대해 청원인을 상대로 직접 조사하여 당시 청원인은 청원인의 시중은행 예금구좌 172개에 위 금2조3천억원이 분산 예치되어 있는 사실을 분명히 알게 되었고, 최근 2006년에는 청원의 한국언론연합연대 총계라는 이상림등이 청원인의 예금구좌 <u>조흥은행 980-04-077861, 같은 은행 390-04-378540, 국민은행 023-21-0863-319, 제일은행 100-20-309643</u> 등 4개구좌에 금36조원이 예치되어 있다면서 청원인의 위 예금36조의 50%를 위 한국언론연합연대에 기부하는 조건으로 청원인의 권리를 찾아주겠다고 접근하여 이에 청원인은 관련서류와 위임장까지 작성하여 주었는데(첨부 3. 위임장사본 참조), 위 이상림 등은 모처의 압력으로 더 이상 일을 수행할 수 없다며 도중하차 하였고 위 계좌는 누군가에 의해 임의로 폐쇄되었다고 들었습니다.

4. 청원인은 이제 곧70을 바라보는 나이로서 그간의 세월이 한탄스럽고 원망스러운 사람들도 많지만 하루빨리 <u>청원인의 금융자산정보가 공개되고 청원인의 정당한 권리가 보호됨으로써 더이상 권력과 그 주변실세라는 사람</u>들에 의해 본인의 금융자산 등이 사적으로 도용·침탈당하지 않고 정당하고 떳떳하게 법과 원칙에 의해 공명정대하게 처리됨으로써 어려운 국가경제와 국민경제에도 큰 도움이 되었으면 하는 간절한 마음뿐입니다. 따라서 청원인은 청원인의 금융자산에 대한 정보가 완전히 공개 될 경우 그 대부분을 국가 등에 헌납코자 하고 있습니다.

5. 이에 따라 청원인은 최근 금융감독원과 산업은행 그리고 관련시중은행에 대해 청원인의 금융자산 및 그 거래내역에 대한 정보공개를 요청한바, 마땅히 <u>국민의 정당한 정보공개에 응해야할 국가기관 및 시중은행 등은 아무</u>

- 3 -

런 정당한 이유도 없이 "정보비공개" 또는 무책임한 "반송"처리(첨부4. 정
보공개청구에 대한 처리 등 참조)를 함으로써 청원인의 가슴에 또다시 못
을 박는 아픔과 고통을 주고 있습니다.

6. 모름지기 국가는 국민의 재산과 생명 그리고 자유를 보장하는 것을 그 소
임으로 한다고 볼진데 청원인이 그간 수십 년간 수차 생명의 위협까지 받
아가면서 권력의 주변인사 등을 자처하는 사람들에게 당한 한없는 아픔과
고통을 씻어 준다는 뜻에서라도 하루빨리 청원인명의의 국내 및 해외금융
자산을 투명하게 조사하시어 이를 시대정신에 맞게 공명정대하게 처리하심
으로써 국가경제의 발전을 도모함과 아울러 청원인의 한을 풀어주시기를
간절히 청원하는 바입니다.

첨 부 서 류

1. 가족관계증명서   1부.
2. 재가확인서 사본   1부.
3. 위임장 사본   1부.
4. 정보공개 청구에 대한 처리(한춘자)등   7부.
5. 정보공개 위임장 및 인감증명서   각 1부.

2010. 4. 22.

위 청원인 대리인

변호사 윤 제 영

- 4 -

청 원 서

수신: 대통령실 민원제도개선비서관 이상목 귀하
서울특별시 종로구 청와대로 1
청 원 인 : 한 춘 자
부산광역시 부산진구 부전동 △△△-×××
위 청원인의 대리인 변호사 윤제영

제목 : 청원인 소유 명의의 금융자산 정보공개 및 권리구제
에 대한 청원

1. 먼저 청원인은 대한민국 발전과 선진화를 위해 불출주야
애쓰시는 대통령님을 비롯한 대통령실 여러분의 노고에 깊
이 머리숙여 감사와 경의를 표합니다.

2. 다름이 아니오라 청원인은 청원의 망부 한희승의 딸로
서 위 한희승은 일제시대 광산업 및 6.25사변을 전.후로 거
제도 PX운영권을 독점하는 등으로 사업수완을 발휘하여 막
대한 부를 이루어 나가던 중 청원인이 4세 되던 1956년 갑
자기 심장마비로 사망(첨부1.가족관계증명원 참조)한 후 그
간 위 한희승이 이룬 막대한 천문학적인 자산(주로 현금 및
부동산)이 정상적으로 상속인 등에 의해 관리되지 못하고
위 한희승 생전에 위 한희승과 관련된 권력실세 등에 의해
변칙적으로 관리되어 온 사실을 1982년 경 소위 그간 권력

주변에서 저질러져 온 부정축재자의 재산을 조사, 정리하는 과정에서 청원외 김종찬이라는 자가 청원인 명의의 금융자산으로 금 30조 원(그 외 부동산 20조 원 상당으로 전해 들음)을 관리해온 사실을 조사당국에 실토함으로써 청원인도 이러한 사실을 알게 되었습니다.

3. 그 후 1883년 경부터 최근까지 무수한 무리들이 청원인의 위 금융자산을 찾아 주겠다고 나섬으로써 생활고에 시달리던 청원인은 그들에게 이리저리 끌려다니며 모진 세월을 보내왔던바, 그 실상을 필설로 다하기는 어려운 실정입니다.

특히 1983년 생면부지의 하나회 출신의 서정화가 자신의 신분을 숨긴 채 해결사를 자처하고 나서면서 청원인으로부터 인감증명서 등 서류만 받아간 후 종적을 감춘 것을 시작으로 성명불상의 국민은행장, 위 서정화가 데리고 나온 재무부 윤증현 이사관(현 재경부 장관), 문민정부 시절 실세를 자처한 인사, 국민의 정부 시절 박주선 의원(보좌관 김광성 명의로 성공보수 약정까지 체결함), 김태동 금융통화위원, 참여정부 시절 대통령 측근 인사 외에 김만복 국정원장 및 그 측근을 자처한 인사 등 권력실세 등을 빙자한 수많은 사람들이 청원인의 금융자산을 찾아준다는 명목으로 그간 청원인에게 받아간 인감증명서만도 약 200통은 될 것이나 그 후로는 모두가 청원인 가슴에 먹물만 남긴 채 종무소식이었습니다.

 청원인은 재무부 이사관 시절의 위 윤증현 장관을 수차 만나 청원인의 금융자산 중 금 7조2천1백50억 원이 청원인 명의로 실명전환하는 과정에서 국세청에 세금 처리도 마쳤다는 사실과 그 중 5조1천억 원을 청원인에게 지급하겠습니다라는 사실을 확인하였는데 위 윤증현 장관은 청원인에게 재가확인서(첨부2,재가확인서 사본 참조)를 해준 장본인입니다.

 그리고 1998년 경에는 서울중앙지검(1110호 최운식 검사)에서 청원인의 금융자산 2조3천억 원에 대해 청원인을 상대로 직접 조사하여 당시 청원인은 청원인의 시중은행 예금구좌에 위 금 2조3천억 원이 분산 예치되어 있다는 사실을 분명히 알게 되었고, 최근 2006년에는 청원외 한국언론연합연대 총재라는 이상림 등이 청원인의 예금구좌 조흥은행 980-04-077861, 같은 은행 390-04-378540, 국민은행 023-21-0863-319, 제일은행 100-20-309643등 4개 구좌에 금 36조 원이 예치되어 있다면서 청원인의 위 예금 36조원의 50%를 위 한국언론연합연대에 기부하는 조건으로 청원인의 권리를 찾아주겠다고 접근하여 이에 청원인은 관련 서류와 위임장까지 작성하여 주었는데(첨부3. 위임장 사본 참조), 위 이상림 등은 모처의 압력으로 더 이상 일을 수행할 수 없다며 도중하차 하였고 위 계좌는 누군가에 의해 임의로 폐쇄되었다고 들었습니다.

4. 청원인은 이제 곧 70살을 바라보는 나이로서 그간의 세월이 한탄스럽고 원망스러운 사람들도 많지만 하루빨리 청원인의 금융자산정보가 공개되고 청원인의 정당한 권리가 보호됨으로써 더 이상 권력과 그 주변 실세라는 사람들에 의해 본인의 금융자산 등이 사적으로 도용, 침탈당하지 않고 정당하고 떳떳하게 법과 원칙에 의해 공명정대하게 처리됨으로써 어려운 국가경제와 국민경제에도 큰 도움이 되었으면 하는 간절한 마음뿐입니다. 따라서 청원인은 청원인의 금융자산에 대한 정보가 완전히 공개될 경우 그 대부분을 국가 등에 헌납코자 하고 있습니다.

5. 이에 따라 청원인은 최근 금융감독원과 산업은행 그리고 관련 시중은행에 대해 청원인의 금융자산 및 그 거래 내역에 대한 정보공개를 요청한 바, 마땅히 국민의 정당한 정보공개 요구에 응해야 할 국가기관 및 시중은행 등은 아무런 정당한 이유없이 '정보 비공개' 또는 무책임한 '반송' 처리 (첨부4. 정보공개청구에 대한 처리 등 참조)를 함으로써 청원인의 가슴에 또 다시 못을 박는 아픔과 고통을 주고 있습니다.

6. 모름지기 국가는 국민의 재산과 생명 그리고 자유를 보

장하는 것을 그 소임으로 한다고 볼진대 청원인이 그간 수십
년간 수차 생명의 위협까지 받아가면서 권력의 주변 인사 등
을 자처하는 사람들에게 당한 한없는 아픔과 고통을 씻어 준
다는 뜻에서라도 하루빨리 청원인 명의의 국내 및 해외 금융
자산을 투명하게 조사하시어 이를 시대정신에 맞게 공명정
대하게 처리하심으로써 국가경제의 발전을 도모함과 아울
러 청원인의 한을 풀어주시기를 간절히 청원하는 바입니다.

  첨 부 서 류
   1, 가족관계증명서 1부
   2. 재가확인서 사본 1부
   3. 위임장 사본 1부
   4. 정보공개 청구에 대한 처리(한춘자) 등 1부
   5. 정보공개 위임장 및 인감증명서 각 1부

                2010. 4. 2.
            청원인 대리인 변호사 윤 제 영

수신 : 금융감독원장

우150-743, 서울 영등포구 여의대로 38, 02-3145-5706

제목 : 정보공개청구서

1. 공개받고자 하는 문건 명칭

1) 한춘자(450   ) 관련한 금융자산 및 부동산 관련 문건 일체
2) 한춘자가 고인(사망자)이라는 근거가 되는 문건 일체

(소비은서-01140호(2012.7.4) 민원회신 관련 철을 보시면 요구하는
문건이 무엇인지 쉽게 알 수 있음)

2. 공개 방법

복사해서 등기우송하여 주시기 바랍니다.

3. 참고 사항

될 수 있는 한 최대한 빨리 등기로 우송하여 주시기 바라며,
수수료가 필요하면 폰문자로 계좌번호 주십시오

2012. 7.

청구인 : 1. 한 춘 자(
　　　　　　부산시
　　　　　　관청피　　　　　　　　　　　　　　　　　)03

청구인 : 2 한영순(
　　　　　　경기도　　　　　　　　　　　　　　　75
　　　　　　관청피해자모임(다음카페) 수석대표

금융감독원장 귀중

금융감독원은 국민의 알 권리를 보장하지 않는다. 내가 나의
자료를 보여달라는데 비공개라니?

8) 박주선과의 싸움

나는 부모님의 억울한 사건의 진실을 밝히기 위해 공권력의 개입을 기다리기보다 스스로 해결하기 위한 자구행위를 시작했다. 우선 2000년의 공증 5조 먹튀 사건을 널리 알려야 했다. 인터넷에 서정화 전 한나라당 국회의원(현 국민의힘 상임고문), 윤증현 재경부 장관, 민주당 박주선 의원의 배임, 횡령 사건을 대중에게 알리기 시작했다.

나는 민주당 홈피에 박주선 의원이 김대중 대통령 법무비서관 때 자신의 보좌관을 내세워 2000년 2월 한국합동법률사무소에서 내 언니 한춘자랑 공증한 사건을 폭로했다. 내가 민주당 홈피에 박주선 의원이 배임, 횡령한 사건을 폭로할 때 박주선 의원은 일체 대응하지 않았다.

일 년이 지나도록 무대응으로 일관하는 박주선 의원에게 화가 나서 박주선 의원 탄핵 요청을 하는 문서를 국회의원 전체에게 발송하고 국회사무처에 박주선 의원 제명신청을 하였다.

2주일이 지나 국회사무처 민원실에 전화하여 내가 보낸 박주선 의원 제명신청에 대해 왜 회신을 안 보내느냐고 했더니 국회사무처 여직원이 "아, 그 민원요, 제가 박주선 의원실에 전화했더니 허위사실이라고 그 민원을 따로 **빼놓으라고** 해서 따로 빼놓았어요." 하는 게 아닌가. "당신이 할 일은 민원이 들어오면 해당 부서에 전해주기만 하면 되는데 왜 박주선의원실에 전화했느냐, 박주선 의원한테 뇌물 먹었느냐?"고 소리쳤더니 국회사무처 여직원은 국회사무처 실장을 바꿔주었다. 언쟁 끝에 그 민원을 해당 부서에 주고 회신을 보내겠다는 사무처 실장의 약속을 듣고 전화를 끝냈다.

그날 저녁 영등포경찰서에서 민주당 박주선 의원이 나를 허위사실 명예훼손으로 고소하였다며 내일 당장 영등포경찰서로 오라고 했다. 나는 자영업자라서 시간이 없으니 그 사건을 남양주경찰서로 보내라고 했다.

박주선은 법 위에 존재하는 권력이다. 박주선은 자기의 전력 '4번 구속에 4번 무죄'를 항상 들먹이며 자기에 대해 더 이상 시비 걸지 말라는 방패로 삼고 있다. 축구시합에서 주심 2명 선심 1명과 선수 11명 합 14명이 몽땅 깐부라고 함께 뛴다면 상대팀 선수 11명은 시합에서 이길 수 있을까?

특수부 검사 출신 박주선이 주장하는 바 '4번 구속, 4번 무죄'가 뜻하는 바는 ①증거조작의 달인 검사와 원고 ②피고의 정보를 다 아는 법원 공무원 ③검사의 눈치를 보며 재판하는 판사… 이렇게 후배 공판검사를 주무르고 있는 박주선에게는 누워서 떡먹기, 땅 짚고 헤엄치기의 놀이판에서 승리했다는 말에 불과하다. 인면수심으로 수치심을 모르는 박주선은 오직 돈과 권력만 바라보고 있다. 일말의 양심은 죽을 때 관속으로 들어갈 때 가지고 가려는 걸까.

피해자가 권력자를 고소하면 경찰, 검찰은 피고소인들이 살아 있는 권력이라고 조사하지 않았다. 검사동일체라, 검사는 편파수사(수사미진, 사실오인, 채증법칙 위반, 판단유탈)가 기본이라는 듯 전혀 제대로 수사하지 않았다. 피해자는 고소권 침해를 당한다. 이런 이유로 박주선을 열한 번 고소했지만 단 한 번도 고소인 조사를 받지 못했고 박주선도 나를 무고로 고소해야 옳았다.

박주선 의원이 2천억 원(사실은 1조인데 보는 이들이 허황되다고 할까봐 1/5로 줄인 금액이다.)을 도둑질한 사실이 없다면 내가 박주선 의원을 고소할 때 나를 무고로 고소했어야 옳다. 나는 박주선 의원이 2천억 원 도둑질했다고 인터넷에 조심스레 글을 올렸다. 그리고 박주선이 나에게 변명이라도 해 주길 바랐다. 그러나 무대응하는 박주선을 보고 그는 일말의 양심도 없는 사람이라고 생각하게 되었다.

나는 박주선을 국회의원 자격이 없다고 탄핵 요청하였고 회신을 보내지 않는 국회사무처와 언쟁했는데 바로 그때 박주선은 대리인 하정훈을 시켜 나를 허위사실 명예훼손으로 고소했다. 박주선 의원이 명예가 있는 국회의원이라면 경찰, 검사에게 증거 인멸, 또는 증거 조작은 왜 지시했을까?

내 언니 한춘자 돈 2천억 원(실제는 1조)을 도둑질한 사실이 없다면 경찰, 검사가 증거를 조작하지 않았을 것이고 박주선 의원의 명예를 생각해 박주선을 도둑놈이라고 한 나를 구속했을 것이다. 그러나 그는 나를 구속시키지는 못했다. 내가 자구행위로 박주선이 내 언니 한춘자 돈 2천억 원을 도둑질했다고 폭로할 때 내 부모님의 유산을 도둑질한 한나라당 전 의원 서정화의 범죄도 함께 폭로했다.

나는 박주선 의원의 허위사실에 대해 많은 증거를 가지고 있었고 검사는 모두 공정하고 정의로울 것이라고 생각했다. 그것은 아주 큰 실수였다. 박주선 의원은 같은 사건을 두 개로 만들어 고소했고 두 사건 다 남양주경찰서에서 조사받았다. 남양주경찰서 권만영 형사, 오세운 형사는 수사기록에서 증거가 인멸되고 조작된 것을 알면서도 나를 기소의견으로 송치했다. 피해자인 나는 올가미를 쓰고 가해자가 되어 재판을 받게 되었다.

박주선은 같은 사건을 두 건으로 만들어 고소했지만 의정부지법은 한 재판부(형사 10단독)에서 병합해 다루었다. 10단독 재판부의 문성준 판사는 박주선에게 치명적인 통장거래내역 조회 신청을 채택하고 박주선을 증인으로 불러 신문하겠다는 획기적 결정을 내렸다. 그런데 어이없게도 이 재판부는 곧 사라져버리고 8개월 만에 새롭게 배치된 재판부는 이전 판사의 결정을 무시하고 얼렁뚱땅 재판을 끌어가고 말았다.

안녕하십니까.

의정부지방법원입니다.

우리법원 제10형사단독에 배당된 귀하의 사건이 2011. 9. 19.자로 다른 형사단독재판부에 재배당되었는데 그 경위에 관하여 안내 말씀을 드리고자 합니다.

2011. 9. 19.자로 저희 법원 법관 1명이 육아휴직을 함에 따라 저희 법원 소속 일부 법관들의 사무분담이 조정되었습니다.

그 결과 제10형사단독(정식재판청구 전담) 재판부를 폐부하고 해당 사건을 일반 형사단독사건을 담당하는 여러 재판부에 나누어 재배당하게 되었습니다.

이리하여 일부 사건은 제10형사단독 재판부에서 기일을 변경하여 추정하였고, 이러한 사건은 재배당받은 재판부에서 새로 기일을 지정하여 통지할 예정이며, 그외 사건은 재배당받은 재판부에서 제10형사단독에서 지정하였던 공판기일을 변경하여, 변경된 기일을 추후 다시 통지할 예정입니다.

앞으로도 법원 업무에 협조를 부탁드리고 귀하의 가정에 건강과 행운이 깃들기를 기원합니다.

의정부지방법원 형사과장 강은선

유능한 판사가 이끌었던 형사10단독 재판부는 사라지고 8개월 만에 새롭게 배당된 재판부는 이전 판사의 결정을 무시하고 박주선에게 날개를 달아주었다.

○ 박주선 의원 허위사실 명예훼손 사건

(증거를 인멸하고 피해자를 가해자로 둔갑시키다)

의정부지방법원 2011고정1061, 2011고정1321 두 사건에 대해 나는 법원행정처에 가서 사건기록을 복사 받아서 변호사, 법무사, 시민단체로 가서 수사기록을 검증하였다. 나는 조직의 힘이 필요하다는 생각으로 관청피해자모임에 수석부회장이 되도록 많은 활동을 했고 다른 시민단체에도 가입하고 후원하여 이 사실이 알려질 때까지 많은 노력을 했다.

피고인(한영순)의 변론요지는 다음과 같았다.

1. 의정부지검 이용균 검사, 남상관 검사는…
   - 피해자인 나를 가해자로 만들었다.

   - 수사기록 355쪽 인증서외 2부에는 서정화 의원 보좌관 강홍석의 인적사항이 있는데 유일한 증인의 인적사항을 경찰과 검사가 고의로 인멸하여 재판부에 올린 것을 확인하였다. 인증서외 2부의 증거가 검사에 의해 인멸되었다.

   - 조사를 해야 할 대상은 관훈동 한국합동법률사무소에서 공증한 5명 외 서정화 박주선까지 모두 7명인데 박주선 의원, 한춘자. 윤종한, 천호명은 전화로 조사하였고, 인적사항을 모른다며 김광성, 강홍석은 조사하지 못했다 했고, 서정

화 전 한나라당 국회의원은 조사하지 않았다. 서정화 국회의원을 조사하면 보좌관 강홍석의 인적사항이 나올 터인데 검찰은 고의로 수사를 누락했다.

- 사건의 쟁점이 되는 한춘자 통장 사본을 증거자료로 제출하였으며 한춘자 언니 통장에 천호명, 윤종한(윤증현 부하직원), 강홍석(서정화 의원 보좌관), 김광성(박주선 의원 보좌관)이 이체 대상에 있는지 확인하는 것은 수사의 기본인데 고의로 수사하지 않았다. 주부인 나를 무직으로 표시했다. 수박 겉을 핥아도 이렇게 핥을 수가 있을까.

- 참고인들(한춘자, 윤종한, 천호명)을 전화로 수사한 것은 수사가 아니며 소환 조사를 해야 하고 참고인들이 서로 말이 다르면 대질심문조사를 해야 하는데 검사는 전혀 수사의 의지가 없었다. 이는 검사의 수사미진, 직무유기다.

- 수사기록 355쪽, 113쪽 하단에 첨부 인증서 외 2부라고 기재한 문건 중 2부 다 소각(인멸)하였고 1부만 소각처리한 바 이는 권력자 박주선 의원을 보호하기 위한 검찰의 나쁜 수법이라고 보여진다.

- 위와 같이 이용균 검사, 남상관 검사는 수사의 기본 원칙을 지키지 아니하고 수사를 얼렁뚱땅 종결하였다. 피해자를 가해자로 둔갑시키는 기술을 가진 한국의 검사들. 참으로 기가 막힌다.

아래는 변호사 윤형모의 변론 내용이다

가) 공소요지

1. 피고인 한영순은 피해자 박주선 의원에 대해 비방의 목적을 가지고 여러 차례에 걸쳐 공연히 허위사실을 적시하여 인터넷 사이트에 게시함으로써 피해자의 명예를 훼손하였다는 것이다.

나) 피고인의 변론요지

2. 피고인이 위와 같은 사실을 인터넷사이트에 게시한 것은 사실이나 이러한 내용은 모두 허위사실이 아니라 진실에 해당하는 사실이다.

또한 피고인은 피해자를 비방할 목적이 아니라 진실된 사실을 밝혀 과거 어두웠던 여러 정치적인 문제를 이 기회에 정리해 보고자 하는 애국심에서 사실을 게재하게 되었다.

3. 결국 사건의 쟁점은 피고인이 허위사실을 게재한 것인지와 허위사실이 아닌 진실이라면 그러한 진실을 밝히고자 한 행위가 비방의 목적이 있는지 여부가 문제이다.

피고소인 변론요지서

피고소인이 한국합동법률사무소에 2000년 2월 14일에 공

증한 인증서를 정보공개신청하여 받은 인증서외 2부인데 인
증서외 2부에 인적사항이 든 자료를 영등포경찰서 박종필
형사와 서울남부지청 김재호 검사가 고의로 한영순을 처벌
받게 할 목적으로 소각처리 하였다.

피고인 한영순은 그 인증서에 있는 서정화 의원의 보좌관
강홍석의 인적사항을 경찰, 검찰이 고의로 소각처리함으로
써 유일한 증거를 인멸하였으므로 피고인은 공소사실을 부
인하였다.

의정부지방법원 2011고정061사건 항소심
윤형모 변호사의 의견서

사건번호: 2013노422
정보통신망 이용 촉진 및 정보 보호 등에 관한 법률 위반
(명예훼손) 등
피 고 인 : 한 영 순
변 호 인 : 변 호 사 윤 형 모

피고인의 변호인은 공판준비를 위하여 다음과 같이 변호인
의견서를 제출합니다

다 음

1. 피고인의 주장이 사실인지 여부를 심리할 가치가 있는지 여부에 대하여

일단, 이 사건에서 피고인의 주장이 일반적인 상식으로 생각하기에는 속된 말로 '미친 소리'처럼 들리므로, 과연 피고인의 주장이 '사실인지 여부를 심리할 필요성이 있는지'부터 살피겠습니다.

가) 피고인의 주장

피고인은 주장하기를, 피고인의 친언니 공소외 한춘자의 말에 따르면 한춘자 앞으로 된 시중은행 33개의 계좌에 7조 2,150억원의 돈이 분산예치되어 있었다.(어떤 경로로 인하여 한춘자 앞으로 그와 같은 돈이 예치되어 있었는지에 대하여 피고인은 정확하게는 알지 못하나, 자신의 망부 한희승이 5.16혁명 전 박정희 소장에게 혁명자금을 대 준 데 대한 포상금으로 망 박정희 대통령이 언니 한춘자 앞으로 그와 같은 돈을 지급하여 분산예치하여 놓은 것으로 짐작한다.)

그런데, 그와 같은 돈이 한춘자 앞으로 예치되어 있는 사실도 모르고 있다가 1993. 8. 12.부터 금융실명제가 실시되면서, 1997. 10.에 서정화 국회의원(한동빈이라고 자기를 한춘자에게 소개)과 전직 조흥은행 직원이던 정재덕이 한춘자를 찾아와 마이크로필름을 갖다놓고 한춘자 앞으로 예치된 예금을 정리하여 전부 한군데 모아 재정경제원에서 관리하게 되었고, 이에 대한 증거로 1997. 11. 10. 당시 재정경제원에서 이사로 근무하던 윤증현(후일 재정경제원 장관)이 한춘자에게 이 건 재가확인서를 작성하여 주면서 한춘자가 알게 되었다.

그 재가확인서에 확인한 바와 같은 한춘자 명의의 돈을 찾기 위하여 방법을 찾던 중, 김영삼 정권에서 김대중 정권으로 정권이 교체되고 나서, 2000. 2. 14. 다시 서정화 의원이 강홍석을 앞장세워, 당시 청와대 법무비서관으로 재직하던 박주선 의원이 자신의 보좌관 김광성을 내세워 공증인가 한국합동법률사무소에서 이 건 제899호 공증을 하고 나서, 그 공증에 기하여 재정경제원에서 관리하던 한춘자 돈을 가져갔다.

그런데, 공증에서 약정한 20%의 돈을 주지 않았기 때문에 박주선 의원이 도둑놈이라고 떠들면 약속한 돈을 돌려줄 것으로 보여 인터넷에 글을 올렸다.

나) 피고인 주장의 신빙성에 대하여

그런데, 피고인이 주장하는 돈의 단위가 '조' 단위여서, 일용 도저히 믿을 수 없는 헛소리로 보이나, 아래에서 보는 바와 같은 자료들을 보면, 피고인의 주장이 속된 말로 '미친 소리'가 아니고 적어도 사실관계는 확인하여 보아야 할 주장으로 보입니다.

(1) 1997. 11. 10. 재가확인서

이 건 재가확인서를 보면 발신인, 수신인, 확인인 명의가 전부 가려져 있으나, 수신인 란을 보면 '한'자가 보이고 뒤에 '45031'이란 숫자가 보이는데 '45031'이란 숫자는 한춘자의 주민번호 450319-2 × × × × × ×의 앞자리 숫자여서 앞의 '한'자와 합하여 보면 수신인은 한춘자인 것이 확실한 것으로 보입니다.

또, 1997. 11. 10.로 된 발송도장과 97형행 101-5332 문서로 된 제목, 10일-14일 회수보관용으로 된 기간을 보면, 일반인이 범죄용으로 위조할 수 있는 문서가 아니고, 더 나아가 그러한 공문서의 형식조차 알지 못하는 한춘자가 감히 재정경제원을 모용하여 위조할 수 있는 문서가 아닌 것으로 보입니다.

(2) 2000. 2. 14.자 공증인가 한국합동법률사무소의 2000년 제899호 공증서에 대하여

또, 2000. 2. 14.자로 강홍석, 김광성, 천호명, 윤종한 등 5

명이 공증한 한국합동법률사무소 2000년 제899호 공증서는 공증담당 변호사인 이응환 변호사가 공증 당일 위 공증당사자들이 전부 법률사무소에 나와 서명날인 한 것이라고 진술하고 있고(수사기록 355쪽) 더 나아가 결정적인 것은 첨부한 참고자료에서 보다시피 공증 당사자인 윤종한과 윤종한의 하수인격인 조정부가 2000. 2. 14. 한춘자와 공증 후 그 다음날인 같은 달 15일 금 100만 원을 입금하기 시작하여 2년이 넘어 지난 2002. 4. 4. 금 50만 원을 입금할 때까지 약 2년간 계속하여 한춘자에게 돈을 입금하고 있습니다.

그런데, 이 건 공증서 작성 당사자들에 대한 경찰의 전화신문조사를 보면

"한때 한춘자가 돈이 많은 사람이고, 국가에 맡겨놓은 돈이 많아 찾을 수 있다는 식으로 공연히 여러 사람에게 허풍을 떨고 다닌 적이 있는데 본인도 그 말이 사실인 것으로 믿고 사비를 들여서 따라다니며 도운 적이 있는데, 모두가 전혀 근거도 없고 거짓말임을 알게 되었다."(천호명의 진술)

"현재 마포에 거주하고 있는, 한춘자는 한두 번 만난 것 같고, 당시 기억으로는 한춘자는 돈이 많은 사람처럼 행세하고, 국가에서 받을 포상금이 많다고 허풍을 치고 다녀, 본인도 그 말을 사실로 믿어 돈을 써가며 따라다닌 적이 있으나 모두 근거없는 거짓말이었다."(윤종한의 전화 진술)라고 진

술하고 있으나, 윤종한과 조정부(조정부는 검사가 공증 경위 및 당시 참석자들의 관계를 확인하기 위하여 조정부를 조사할 것을 지휘까지 하였습니다. 수사기록 355쪽)는 그와 같은 한춘자에게 2000. 2. 15. 금 100만원, 같은 해 3. 23. 금 5만원, 같은 달 24. 30만원, 같은 해 4. 12. 금 20만원, 같은 해 7. 11. 금 7만원, 같은 해 10. 19. 금 5만원, 같은 해 11. 3. 금 7만원, 같은 달 17. 금 3만원, 2001. 4. 17. 윤종한이 금 150만원, 같은 해 5. 15. 금 50만원, 같은 달 22. 조정부가 금 50만원, 같은 해 6. 9. 금 20만원, 같은 해 7. 9. 금 30만원, 같은 해 8. 8. 금 100만원, 같은 달 14. 금 100만원, 같은 해 11. 10. 금 5만원, 같은 달 20. 금 5만원, 2002. 1. 22. 다시 윤종한이 금 10만원, 같은 달 29. 조정부가 금 5만원, 같은 해 2. 1. 금 2만원, 같은 해 3. 14. 금 20만원, 같은 달 20. 금 10만원, 같은 해 4. 4. 금 50만원, 같은 해 7. 22. 금 5만원, 같은 해 9. 12. 금 5만원을 한춘자에게 송금하고 있습니다.

송금하는 액수도 액수지만, 그 기간이 2000. 2. 15.부터 2002. 9. 12.까지 2년6개월 넘게 한춘자에게 송금을 계속한 것으로서, 만약 이 건 공증 내용대로 실명으로 전환할 한춘자의 비실명 자금이 존재하지 않고 한춘자가 거짓말을 하였다면, 그와 같은 돈이 존재하지 않는다는 사실은 몇 달만에 전부 밝혀질 사실인데, 윤종한과 조정부가 이 건 공증 후 2

년 6개월 간이나 한춘자에게 돈을 송금할 리가 만무 합니다.

이 건 실체적 사실에 대한 경찰과 검찰의 조사를 보면, 부실하기 짝이 없고, 심지어 영등포경찰서에서 이응환 변호사가 찾아가 임장수사하고 이 건 인증서와 인증서 뒷부분에 강홍석, 한춘자, 김광성, 천호명, 윤종한의 주소 등 인적사항이 기재된 부분을 사본하여 수사보고서에 첨부하여 놓았는데 (수사기록 355쪽) 그 중 1장이 남양주경찰서와 의정부지방검찰청을 거치면서 사라져, 강홍석의 인적사항을 확인하기 어렵게 만들어 버리기까지 하였습니다. 이 부분도 다시 한국합동법률사무소에 사실조회를 신청하여 강홍석의 인적사항을 확인하여야 할 것으로 보입니다.

(3) 2001. 7. 26. 하루만에 개설된 국민은행 세종로지점, 외환은행 세종로지점, 조흥은행 수송동지점의 3개 한춘자 명의 통장

그리고 수사기록 166쪽, 168쪽, 172쪽을 보면 2001. 7. 26. 하루에 국민은행 세종로지점, 외환은행 세종로지점, 조흥은행 수송동지점의 3곳에서 한춘자 명의 통장이 개설되었습니다.

사회적 지위가 없고, 직장도 없으며, 사업도 하지 않는 한춘자가 하루에 3군데 은행에 계좌를 개설할 이유가 없습니다. 이는 실제로 돈이 입금되었는지 여부를 떠나서 분명히

돈을 분산 입금하기 위한 용도인데 그 개설 시기인 2001. 7. 26.은 위와 같이 윤종한, 조정부가 계속해서 한춘자에게 돈을 입금하고 있을 때입니다.

만약 윤종한과 천호명이 전화 진술대로 한춘자가 말하는 비실명자금이 전혀 근거도 없고 거짓말이라면 2000. 2. 14. 공증 후 1년6개월이나 지난 시점에서 하루만에 3개의 한춘자 명의 통장을 개설하였다는 것이 도저히 설명이 되지 않습니다.(물론 3개의 통장이 반드시 윤종한이 공증한 것을 이행하기 위한 것이라고 단정할 수는 없으나 2000. 2. 14. 경부터 2001. 7. 26. 사이에 실명화를 위하여 한춘자와 만나던 사람들은 윤종한과 조정부 등 밖에 없습니다)

(4) 서울지방법원 98고단 6654 폭력행위 등 처벌에 관한 법률 위반 판결문

서울지방법원 사건번호 98고단6654 폭력행위 등 처벌에 관한 법률 위반 판결문을 보면 고석주가 한춘자의 비실명자금을 실명화하여 찾아 주겠다고 제안하여 한춘자가 1998. 2. 20. 약정하였다가, 또 다른 일당이 한춘자를 빼돌리려 한다는 이유로 같은 해 6. 5. 고석주가 주도하여 정영환, 김정송을 납치하여 감금한 사건인 바, 범행한 고석주 등이 8명이나 되고, 또 동인들이 전과를 보면 조직폭력배로 보이지도

아니하고, 그런 사람들이 8명이나 한춘자를 차지하기 위하여 납치 범행까지 한 정황과 더불어 만약 한춘자의 비실명자금이 없었다면 그런 사실이 바로 밝혀질 일인데, 2개월가량 실명화 작업을 진행하다가 한춘자를 빼돌리려는 일당을 납치하는 범행까지 나아간 정황이 한춘자가 말하는 비실명자금의 개연성을 극히 농후하게 만들고 있습니다.

이상 두드러지는 정황만 보았으나, 이 사건을 보면 피고인의 주장이 터무니없다고 무시하기에는 부정할 수 없는 증거와 정황이 너무나 많습니다.

2. 피고인의 주장이 사실인지 여부에 대해 심리할 필요에 대하여

피고인이 박주선을 욕한 이유는 2000. 2. 14. 박주선이 보좌관 김광성을 내세워 언니인 한춘자로부터 한춘자 명의의 비실명자금을 실명화하여 그 돈 중 20%를 주겠다고 공증하고, 실명화에 필요한 모든 서류를 받아간 다음, 실명화하여 (전액이든, 일부든) 돈을 찾고도 공증한 대로 찾은 돈의 20%를 지급하지 않으므로, 박주선이 그와 같은 짓을 하였다고 떠들면 그 돈을 줄 것으로 생각하고 인터넷에 모욕적인 글을 올렸다고 합니다.

일단 그러한 피고인의 주장이 사실인지 여부는 정상(情

狀)관계에도 영향이 있으며, 더 나아가 이 사건 실체가 정치적 실권자(박주선은 공증 당시 청와대 법무비서관이었습니다.)에 의한 범법 행위로 밝혀질 경우 피고인의 행위가 위법성 조각사유로까지 될 수 있어 법리적으로도 이 사건 실체를 밝힐 필요가 있습니다.

3. 조사하여야 할 증거들

이 사건 실체를 밝히기 위해서, 위에서 보았다시피 경찰의 전화신문과 수사보고서를 믿을 수 없어, 일단 1차적으로 (김광성은 사망하였다고 하므로) 강홍석, 윤종한, 천호명을 증인신문 하여야 할 것으로 보이는 바, 인적사항이 확인된 윤종한을 증인신청 하고 강홍석의 인적사항을 알기 위하여 한국합동법률사무소에 2000년 제899호 공증서의 내용을 사실조회신청 하고 한춘자의 주거지 동사무소에 2000년도부터 최근까지 인감증명서 발급 현황을 사실조회신청 하고자 합니다.

또 2차적으로 한춘자를 증인 신청하고, 조정부를 증인 신청하고, 조정부의 연락처를 알아내는 대로 조정부 또한 증인 신청하겠습니다.

4. 결 론

위와 같이 이 건에서 조사하고 심리되어야 할 부분들에 대

하여 조사와 심리가 너무나 부실하게 진행되어 실체적 진실
이 은폐되어 있는 바 항소심 재판부에 대해 죄송한 마음을
금할 길 없으나, 실체적 진실을 밝히기 위하여 필요한 증거
조사를 하여 주시기를 바라마지 않습니다.

참고 자료 :

1. 한춘자의 통장거래내역 조회
2. 서울지방법원 98고단6654 폭력행위 등 처벌에
   관한 법률 위반 판결문

2014. 9. 19.

피고인 변호인

변호사 윤형모

의정부지방법원 제2형사부 귀중

윤형모 변호사 참고자료(한춘자 인감증명서 발급 내역)
참고 자료 제출

사건번호: 2013노422
정보통신망 이용 촉진 및 정보보호 등에 관한 법률 위반
(명예훼손) 등
피 고 인 : 한 영 순
변 호 인 : 변 호 사 윤 형 모
피고인의 변호인은 이 사건에 대하여 다음과 같이 참고자
료를 제출합니다

다 음

1. 참고 자료

부산 부산진구 부전1동사무소 행정8급 강○○(051-605-
6514)이 작성하여 준 한춘자의 2006년부터 2014년도까지
의 인감증명서 발급 현황

2. 참고자료의 의미

피고인의 변호인은 피고인의 주장이 사실인지 여부를 심리
할 가치가 있는지 여부를 확인하기 위하여, 한춘자의 주거지
동사무소에 2000년도부터 최근까지 인감증명서 발급현황
사실조회 신청하고자 하였는 바 사실조회 전에 피고인이 부

산 부산진구 부전1동사무소를 찾아가 한춘자의 인감증명서 발급현황을 확인하여 달라고 하자, 부전1동사무소 행정8급 강○○이 작성해준 한춘자의 인감증명서 발급 현황입니다.

한춘자는 아무런 직업도 없고, 사업을 하지도 않으며, 자기 명의로 된 재산도 없는데 인감증명서 발급 현황을 보면 2013년도에만도 64통의 인감증명서를 발급받아 간 사실을 알 수 있어, 그와 같은 정황을 미루어 도저히 피고인의 주장을 무시할 수가 없습니다.

2014. 9. 29.
피고인 변호인
변호사 윤형모

의정부지방법원 제2형사부 귀중

윤형모 변호사는 초기의 야무진 대응과는 달리 후반부에 가서 시나브로 맥빠진 대응을 했다. 나는 재판에 지고 각 300만 원씩, 총 600만 원의 벌금을 물어야 했다. 후일 윤 변호사는 새누리당의 법률자문이 되고 공천을 받아 출마했다. 내가 선임한 변호사의 낙선을 반가워하게 될 줄이야.

거래일자	내용	찾으신금액	맡기신금액	비고	잔액	후송	마감후	키	기번	점	점명
2000-11-17	CD02	₩30,500		타행25-801	₩4,852		0	0	8010	(하나)
2000-11-23	카드		₩500,000	한빛김양이	₩504,852		0	0	5950	(우리)
2000-11-23	CD02	₩400,400			₩104,452	4	4	802		반월당
2000-11-25	지로	₩77,000		세름	₩27,452		0	0	408	연산동
2000-12-04	타행		₩500,000	한춘자	₩527,452		0	0	1830	(우리)
2000-12-10	이자		₩371		₩527,823		0	0	408	연산동
2000-12-11	지로	₩77,000		세름	₩450,823		0	0	408	연산동
2000-12-26	지로	₩77,000		세름	₩373,823		0	0	408	연산동
2001-01-26	지로	₩77,000		세름	₩296,823		0	0	408	연산동
2001-02-28	CD02	₩150,500		타행26-324	₩146,323		0	0	3240	(신한)
2001-03-06	CD02	₩100,500		타행13-051	₩45,823		0	0	510	(농협)
2001-03-11	이자		₩1,631		₩47,454		0	0	408	연산동
2001-03-19	PB		₩2,000,000	박춘덕	₩2,047,454		0	0	304	광화문
2001-03-21	CD02	₩500,400			₩1,547,054	4	4	390		수송동
2001-03-23	CD02	₩700,400			₩846,654	13	13	978		마산창
2001-03-23	CD02	₩300,400			₩546,254	14	14	978		마산창
2001-03-26	365		₩200,000	한빛김임이	₩746,254		0	0	5030	(신한)
2001-03-26	CD02	₩300,400			₩445,854	4	4	802		반월당
2001-03-29	CD02	₩300,000			₩145,854	13	13	919		동래송
2001-04-03	타행		₩500,000	한춘자	₩645,854		0	0	8010	(하나)
2001-04-10	CD02	₩300,000			₩345,854	17	17	363		반포터
2001-04-17	타행		₩1,500,000	윤종한	₩1,845,854		0	0	8540	(국민)
2001-04-17	CD02	₩500,600		타행25-801	₩1,345,254		0	0	8010	(하나)
2001-04-17	CD02	₩300,600		타행25-801	₩1,044,654		0	0	8010	(하나)
2001-04-24	CD02	₩500,000			₩544,654	20	20	978		마산창
2001-05-01	365	₩101,000		12 오갑순	₩443,654	16	16	978		마산창
2001-05-01	365	₩300,300			₩143,354	16	16	978		마산창
2001-05-15	타행		₩500,000	윤종한	₩643,354		0	0	90	(국민)
2001-05-17	CD02	₩101,000		56404001981	₩542,354		0	0	3370	(우리)
2001-05-17	CD02	₩200,600		타행20-337	₩341,754		0	0	3370	(우리)
2001-05-21	CD02	₩200,000			₩141,754	38	38	401		부산
2001-05-22	타행		₩500,000	조정무	₩641,754		0	0	514	(농협)

신한은행 SHINHAN BANK

4 - 18 36

윤증현의 비서 윤종한이 한춘자에게 입금한 자료.

211

인 증 부

등 부 번 호	899
촉탁인의 주소, 성명 (법인은 그 명칭, 사무소 소재지)	한 춘 자 외1인 부산 동래구 온천
증 서 종 류	합의서
증서의 서명날인자	윤용란 한 춘자 강홍석, 김광성 전로명
인 증 방 법	**본인출두 기명날인자인**
참여인의 주소, 성명	
인 증 연 월 일	2000. 2. 14
간 인	
비 고	

등 부 번 호	900
촉탁인의 주소, 성명 (법인은 그 명칭, 사무소 소재지)	한 춘 자 외 4인 부산 동래구 온천
증 서 종 류	합의서
증서의 서명날인자	윤용란 한춘자 강홍석, 김광성·전로명
인 증 방 법	**본인출두 기명날인자인**
참여인의 주소, 성명	
인 증 연 월 일	2000. 2. 14
간 인	
비 고	

인 증 부

등 부 번 호	901
촉탁인의 주소, 성명 (법인은 그 명칭, 사무소 소재지)	김 광 성 서울 동래구 외 제1호

간 인   비 고

23230-01611일
90. 11. 26 승인

(150)

[제2호 서식]

인 증 부

등 부 번 호	
촉탁인의 주소, 성명 (법인은 그 명칭, 사무소 소재지)	901 김 광성 서울 동대문구 회○
증 서 종 류	공증 무효에 대한 확인 증서
증서의 서명날인자	김 광성
인 증 방 법	본인출두 기명날인자인
참여인의 주소, 성명	
인 증 연 월 일	2000. 2. 14
간 인	
비 고	

저들이 재판부에 낸 자료에는 서정화의 대리인 강홍석이 빠져 있다. 대체 너희들의 조작과 거짓, 너희들의 카르텔은 어디까지인 거냐?

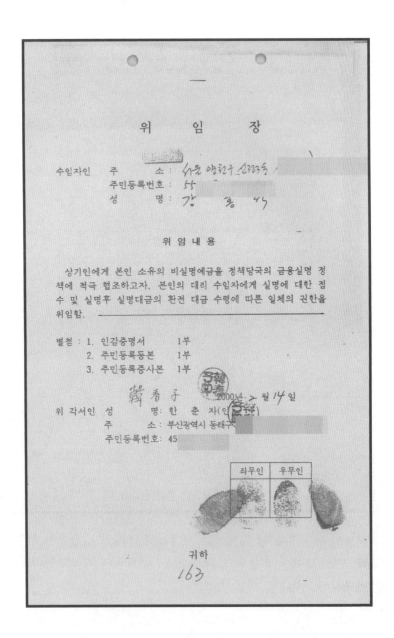

위 임 장

수임자인 주   소: 서울 영원구 신정3동 /
주민등록번호: 55
성   명: 강 홍 45

위 임 내 용

상기인에게 본인 소유의 비실명예금을 정책당국의 금융실명 정책에 적극 협조하고자, 본인의 대리 수임자에게 실명에 대한 접수 및 실명후 실명대금의 환전 대금 수령에 따른 일체의 권한을 위임함.

별첨 : 1. 인감증명서   1부
      2. 주민등록등본   1부
      3. 주민등록증사본 1부

                    2000년 2 월 14 일
위 각서인 성   명: 한 춘 자(인)
      주   소: 부산광역시 동래구
      주민등록번호: 45

좌무인	우무인

귀하

163

재판 과정에서 검경이 인멸했던 강홍석의 공증 위임장. 서정화의 보좌관(대리인) 강홍석. 나는 하고 싶지 않으나 의원님이 시키니 어쩔 수 없이 한다던 강홍석. 주군인 서정화는 강홍석을 전혀 모른단다. 세상에… 자기가 데려와서 한 공간에 있다가 도장을 찍게 했던 자가 쌩판 모르는 사람이라고?

9) 대검찰청 앞 1인시위 3개월

2011. 1. 1. 나는 김준규 검찰청장의 면담요청서를 대검찰청에 접수하고 대검찰청 앞에서 3개월 동안 1인 시위를 했다. 남양주에 있는 집에서 아침 7시에 출발해서 그들의 출근시간에 맞추어야 했다. 권력비리 사건이라고 서정화와 박주선과 윤증현을 50회 넘게 고소했어도 경찰도 검사도 고소인을 조사하지 않았다. 김준규 검찰청장 차에 뛰어들려고 시도했으나 경비들의 제지로 미수에 그쳤다.

10. 돈세탁은 이제 그만, 통장을 파헤쳐라!

박정희와 전두환의 군사독재정부가 25년간 이어지면서 그 뒤에 들어선 정부의 대통령들도 막대한 비자금에 대해 자신 있게 손을 대지 못했다.

1) 재경부는 7조 원의 재가확인서 원본을 공개하라

2010년 11월 나는 재정경제부에 1997년 윤증현이 발급해 준 7조 원에 대한 재가확인서 원본을 공개하라고 민원을 냈다. 공개할 수 없다는 답변이 돌아왔다.

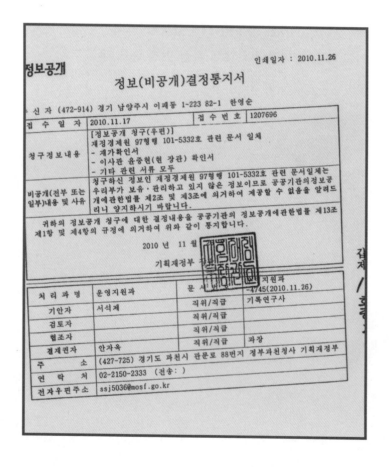

1997년 실명제팀장 윤증현이 가져왔던 5조1천억 원 재가 확인서는 서정화, 박주선과 함께 각 1조 이상 먹튀한 공증 사건의 주요 자료다. 재경부에 1997년 7월 10일 신청했고, 11월 10일자로 발급받은 재가확인서에 대해 재경부는 발급 내역을 보유, 관리하고 있지 않으므로 공개할 수 없다고 회신했다.

2) 한춘자가 죽었다고?-금감원의 엉뚱한 답변

어이없는 일들이 연속으로 벌어지고 있을 때인 2012년 5월, 여섯째인 명순 언니가 금융감독원에 아버지(고 한희승)의 옛 조선은행(현 한국은행) 예금증서와 한춘자의 금융정보(금융자산 및 부동산정보)의 공개를 청구했다.

7월에 금감원에서는 '고(故) 한춘자'와 관련하여 답변할 것이 없다는 공문을 보내왔다. 금감원의 이 엉뚱한 답변은 어떻게 해석해야 하나? 멀쩡히 살아 있는 사람을 죽었다고 하다니?

금감원은 '고 한춘자'의 정보는 법원의 절차를 통해 확인하라는 회신했다. 금감원에 '고 한춘자' 정보공개 요청을 하였으나 금감원에서 3회 이상 같은 민원은 대응하지 않는다고 요청을 무시했다.

금융은 믿음가득, 국민은 희망가득-금융감독원의 약속입니다

금 융 감 독 원

우·150-743 / 서울특별시 영등포구 여의대로 38 / 전화 02-3145-5706 / 전송 02-3145-5699
처리부서 소비자보호총괄국 은행중소서민금융민원팀 팀장(S) 오형께 담당자 조사역 김동열

문서번호 소비은서 -01140
시행일자 2012.07.04
수 신   한명순 님(ㅅ   )
참 조
사본수신

제 목 민원에 대한 회신(한명순 님)

1. 2012. 6. 12. 국민신문고를 경유하여 금융감독원에 접수된 민원(접수번호:
2012Z8567)에 대한 회신입니다.

2. 귀하께서는 본인의 망부인 한희승의 한국은행 예금증서 및 자산 공개와 한희승의
3녀 한춘자의 금융자산 및 부동산 공개에 관한 민원을 제기하셨습니다.

3. 민원서 확인 결과, 해당 민원의 내용은 한국은행 예금증서 및 자산과 관련된 사
항에 대하여 공개를 요청하는 민원으로 한국은행은 금융회사가 아닌 무자본 특수법
인으로 우리원이 감독하는 기관이 아니므로 해당 민원을 처리할 수 없음을 양지해
주시기 바랍니다. 이에 해당 민원은 한국은행에 직접 접수하여 처리하시거나 소관
기획재정부에 접수하여 처리하시 바랍니다.

4. 아울러, 고 한춘자의 금융자산 관련 정보공개는 「금융실명거래 및 비밀보장에
관한 법률」 4조 및 그 시행령 8조에 따라 해당 권한있는 자의 서면상의 요구나 동
의가 있는 경우 가능하며, 또한 고인의 부동산 관련 정보는 금융기관을 감독하는 우
리원의 업무가 아니므로 법원의 절차 등을 통해 확인하시기 바랍니다. 끝

금 융 감 독 원

금감원의 엉뚱한 회신. '죽은 한춘자'라고?

춘자 언니는 이미 한나라당 서정화의 주선으로 1997년 11월 10일 재정경제부 윤증현 이사관으로부터 7조2천150억 원에 대하여 그 중 5조1천억에 대해서는 재가확인서를 발급 받은 바 있다. 이것을 근거로 2000년 2월 5조를 5인이 20% 씩 갖도록 서정화, 윤증현, 박주선 등이 보좌관들을 내보내 공증하고 돈을 갈취했던 것 아닌가. 그들이 언니에게는 약속을 안 지켰으므로 나는 많은 사람들에게 윤증현이 발급한 재가확인서를 보여주며 윤증현을 만나 이 돈을 찾게 해달라고 부탁한 사실이 있다. 누군가가 윤증현에게 재가확인서를 발급하고도 약속을 안 지킨 사실을 묻자 당황한 윤증현은 재가확인서 발급에 발뺌을 하더란다. 그러더니 윤증현은 더 이상 논란이 퍼지는 것을 막고자 금융감독원에 한춘자의 정보 유출을 피하려고 사망했다고 허위사실을 보냈을 것이라 판단된다.

나는 금융감독원장(진웅섭)을 상대로 한춘자가 고인으로 기록된 것에 대해 행정소송을 냈으나 원고 피고가 증거로 다투게 하지도 않고, 재판 거래하여 서울행정법원 제5행정부는 내가 낸 소를 각하시켜 버렸다.(서울중앙지방법원 2014구합19599, 2015구합6057)

3) 영옥 언니 경찰 아들- 번개탄으로 자살

둘째 영옥 언니 장남(유홍창)은 마포구에서 근무한 경찰이었다. 2015년 2월 1일 승용차 안에서 번개탄을 피워놓고 자살했다. 조카는 죽기 얼마 전부터 누군가 자기를 미행하고 감시한다는 등 공포에 젖어 있었다고 한다. 잠도 못 자고 불안을 호소했다고도 한다.

2011~2015년 그 무렵 나는 '2000년 2월에 서정화, 박주선, 윤증현 등이 1조를 다섯 사람이 2천억씩 나누기로 했는데(실제로는 5조를 20%씩 나누어 1조씩 가져가는 것이었으나 너무 액수가 크면 대중들이 거짓으로 알 것 같아 금액을 대폭 낮추어 공격했다.) 약속을 지키지 않은 채 도둑질했다.'고 인터넷에 연일 미친 듯이 폭로했다. 나는 서정화, 박주선, 윤증현을 형사, 민사로 수십 차례 고소하느라고 검찰청과 법정을 내 집처럼 들락거리고 있었고 조카 홍창이는 그 사실을 환하게 알고 있었다. 경찰에 몸담고 있는 조카는 권력실세들과 맞서서 싸우고 있는 이모의 활동이 부담스러웠을 것이다.

그러다가 내가 현역의원이었던 박주선을 탄핵시키고자 국회사무처에 청원 낸 것에 대해 박주선이 나를 명예훼손으로 고소해서 재판을 받고 있었는데 조카 홍창이가 내게 전화를 했다. 조카는 불쑥 "이모, 그 돈은 외할아버지 돈이 맞아요."라고 말했다. 밑도 끝도 없이 내뱉는 홍창이의 말에 그가 더

할 말이 있는 것 같아 이모를 믿고 만나자고 말했다. 홍창이
는 '누군가가 나를 미행하고 있는데 우리가 만나면 이모도
미행하게 될 것이고 그러면 이모도 다치게 된다. 희생은 나
혼자로도 족하다.'고 했다.

반년이 안 되어 홍창이 차에 번개탄을 피우고 자살했다는
연락이 왔다. 홍창이는 나보다 여섯 살이 적은 동생 같은 조
카다. 들과 산으로 쏘다니며 함께 자랐다. 그런 조카가 미행
을 당해가며, 공포에 젖어, 불안에 휩싸여 떨다가 갔단다. 자
살을 한 것일까, 자살을 당한 것일까. 가슴이 미어지도록 아
플 뿐이다.

4) 재단을 통한 돈세탁과 보수우파 키우기

한 가족의 희생을 바탕으로 한 박정희의 더러운 비자금은
오랫동안 베일에 싸여왔다. 박정희 부역자들은 검은 비자금
의 실체가 드러나는 것을 극도로 꺼린다. 그러나 검은 돈을
먹튀한 박주선이 한영순을 명예훼손으로 고소하고 편법을
통해 승리함으로써 아이러니칼하게도 그 실체가 드러나기
시작했다.

나는 1998년 춘자 언니와 함께 기거하면서부터 언니 주변
의 브로커, 정보요원들이 권력의 하수인이 되어 얼마나 야

비하게 사기꾼 짓을 하는지 지켜보았다. 그들은 마치 국가가 길러온 조직폭력배 같았다. 그 무렵 그런 중앙정보부 출신 브로커를 넷째 명순 언니가 가까이하는 것을 보았다. 대체 무슨 일이 있었던 걸까? 그러고 보니 언니는 자식들과도 크게 거리를 두고 살았다.

박근혜 대통령 때 명순 언니는 종로3가에서 활동하는 브로커들의 대부, 보수우파 시민단체의 장인 유모 총재 일행들과 어울려 다녔다. 명순 언니는 춘자 언니의 돈을 보수우파 재단에 소개하고 그 재단에서 나오는 이익을 나누고 있다. 박정희 부역자들은 내게도 이런 제안을 한 적이 있다. 입 다물고 조용히 있는다면 재단법인을 만들어 춘자 언니 돈을 담아 그 법인을 관리하게 하면서 법인에서 나오는 수익으로 생계를 유지할 수 있게 하겠다는 것이다.

명순 언니는 힘없는 동생이 억울하게 박주선 의원에게 고소당했다고 눈물 흘린 적도 있고, 민주당 박주선 의원의 허위사실 명예훼손 고소는 동생의 입에 재갈을 물리려고 한 것이라며 분노하기도 했다. 2011년 1차 재판 때 삭발한 나를 바라보며 한없이 눈물 흘렸던 명순 언니는 권력 앞에 힘없는 국민의 한계를 느꼈는지 어느 날부터는 권력에 힘없이 무릎을 꿇는 모습을 보이기 시작했다. 내 전화를 받지 않고 연락도 하지 않았다.

나와 내 언니가 겪은 박정희 부역자들은 법 위의 권력이었고 검판사를 움직일 수 있는 힘 있는 자들이었고, 약자들에게는 저승사자 같은 존재였다. 박정희 부역자들이 춘자 언니한테 했듯이 명순 언니에게도 입 다물고 조용히 있어라, 우리 회장이 이 돈을 사면(정치권력으로 합법화해서 돈을 편하게 쓸 수 있게 하는 것 *편집자 주)할 수 있을 때까지 막내동생은 만나지 말라, 막내동생이 부모님의 돈을 찾는 일에 언니들이 협조하면 불이익을 주겠다고 엄포를 놓은 것 같았다. 저들은 능히 그런 짓을 하고도 남을 자들이다. 비굴한 언니들이 엄마 눈에 피눈물을 흘리게 하더니 막내동생 눈에도 피눈물을 흘리도록 비열한 짓을 한다는 것이 마음 아프다.

5) 춘자 언니 최근 근황

최근 이명박 정권 때 함께 일했던, 박정희 부역자 국민의힘 당 상임고문 서정화의 하수인 박윤환과 미국에 사는 강승규 변호사 겸 목사와 박동명 총재, 그의 비서 손준희 교수가 자기들이 관여하는 지구관리평화재단에다 돈을 기부해 달라고 언니에게 요구했다고 한다. 박동명 총재는 계좌주인 한춘자에게 노벨상 타게 해준다고 꼬드겨 한춘자 인감으로 법인 재단을 만들면서 언니를 노벨 큰어머니상으로 인증해 준다고 하더란다.

언니는 내게 직접 돈을 줄 수는 없지만 내가 재단을 만들면 그 재단에 돈을 넣어 줄 수 있다고 했다. 아마 그동안에도 저들이 돈을 저장하는 창고로 이용하기 위해 여러 종류의 재단을 만들었고 언니의 돈이 그런 재단들에 투입되었던 모양이다. 한춘자 인감 증명 수천 통으로 한한자의 계좌 수백 개를 만들어 보수 우파 시민단체의 물줄기가 되었고, 보수들의 관변단체가 되어 정권 연장하는 데 큰 원동력이 되고 있다.

2015년 11월 어느 날 어둑어둑한 8시쯤 전 중앙정보부 출신 김한출 회장이 나에게 전화하여 자기 회장의 빌딩을 보러 가자고 했다. 강남 어느 곳에 18층 정도 되는 빌딩으로 엘리베이터를 타고 올라가면서 그는 이 빌딩이 춘자 언니 빌딩이라고 하였다. 그는 그 빌딩을 나에게 주겠다고 했다. 조건이 있었다.

당시에 내가 서정화, 박주선, 윤증현 등을 고소했던 민사사건, 형사사건 등을 다 취하하고 자기를 믿고 따라오면 이 빌딩이 한영순 빌딩이 된다는 것이었다. 고층 빌딩은 텅 비어 있었다. 나와 같이 간 김한출 회장, 그의 비서 이렇게 셋뿐인 빌딩에서 갑자기 오싹 한기가 밀려들어왔다. 나는 그가 전직 중앙정보부 출신이란 것뿐 그에 대해서도 아는 게 없었다. 나는 그에게 집에 가서 생각해 보고 전화 드리겠다고 말한 뒤 연락을 끊었다.

춘자 언니는 2017년 6월 서울대학교 총동창회장을 맡고 있던 서정화에게 내용증명을 띄웠다.

수신: 서울 관악구 관악로 1 서울대학교 연구공원본관 940동

존경하는 서정화 서울대학교 총동창회장님

안녕하세요. 서정화 의원님께서 기억하실지 모르지만 저는 서정화 의원님을 3번 만난 7조2천150억 원의 돈 주인인 한춘자입니다.

서정화 의원님께서 1997년 10월 경 구 평창동 파크호텔에서 처음 저를 만날 때 정재덕님을 저에게 소개하셨고 33개 은행에 있는 한춘자 돈을 마이크로필름을 갖다놓고 정리하자고 지시한 적이 있고, 저에게 서 의원님의 연락처와 한동빈이라는 이름을 적어 주셨는데 기억 나십니까? 저는 당시 3일을 파크호텔에서 숙식제공 받았습니다.

2번째 만남은 1997년 12월 초 평창동 파크호텔에서 7조2천150억 원의 재가확인서를 발행하신 재정경제부 윤증현 이사관님을 만나게 해주셨고, 저에게 "한 여사, 이 분이 7조 원의 재가확인서를 발행하신 윤증현 이사관님"이라고 하시면

서 독대하라는 의미로 윤증현 이사관님과 저를 남겨두고 나가셨지요. 기억나십니까?

윤증현 이사관님은 당시 김대중 대통령님가의 윤씨 며느리를 중신하신 중매장이라 하시며 저에게 돈을 쓰는 데 걱정하지 말라고 하셨고, 윤증현 장관님은 저에게 재가확인서를 잘 보관하라고 하셨고, 1997년 9월 3일 발급받은 서울은행 본점 통장을 달라고 하시면서 재가확인서에 적혀 있는 금액을 통장에 입금시켜 줄 테니 통장을 달라고 하셨습니다.

당시 윤증현 장관님께서 연락처 삐삐번호와 성함을 적어 주셨지만 저는 어렵게 만나고 처음 만난 분인데 아무도 입회하는 분이 안 계셔서 '97년 서울은행 통장을 소지하고 있었지만 윤증현 장관님께 드리지 않았습니다.

3번째 만남은 2000년 2월14일 관훈동 한국합동법률사무소에서 다섯 사람이 한춘자, 김광성(박주선 의원 보좌관), 강홍석(서정화 의원 보좌관), 윤종한, 천호명이 각각 20%씩 나눈다고 공증하는 날 서정화 의원님 보좌관 강홍석 씨가 저에게 "한 여사 나는 공증하고 싶지 않은데 우리 의원님이 자꾸 공증하라고 해서 공증합니다."라고 말하면서 공증사무실로 들어가기에 저도 따라 공증사무실로 들어갔더니 서정화 의원님께서 강홍석 보좌관을 대리자로 내세워 공증을 할 때 마음이 놓였고 서울대학교 출신인 서정화 의원님을 진심으로 믿었습니다.

서정화 의원님, 저는 다시 보안각서를 썼습니다.

본인(한춘자) 명의 실명, 비실명을 전환함에 있어 그 내용 이해 절차 및 관련된 인적사항 등 행위 일체를 직계 존속, 비속을 포함한 모든 타인에게 누설하지 않을 것을 엄숙히 서약하고 만약 위배 시 기밀 누설에 대한 형사상 책임을 감수하겠기에 보안각서를 제출합니다라는 보안각서를 썼습니다. 제 몫 20%를 받았을 때는 보안각서가 유효하지 제 몫을 도둑맞았는데 보안각서가 필요하겠습니까? 당시 공증한 서정화 의원님 보좌관 강홍석 이름으로 공증했는데 저는 당시에 공증한 원본을 가지고 있습니다.

제 막내동생 한영순이가 박주선 의원 고소로 벌금 600만원 선고로 재판받을 때 동생은 저에게 진실을 말하라고 증인으로 나오라고 했는데, 그때에도 서정화 의원님께서 나서서 동생을 구제하고 또 공증한 20%를 한춘자 몫을 주실 거라고 믿었는데 비정한 현실이 되어 지금 막내동생 한영순에게 그 미안한 마음은 보상할 방법이 없습니다.

그간 세월이 많이 흘렀지만 2000년 2월 14일 한국합동법률사무소에서 공증한 20% 한춘자 몫은 미제로 남아 있습니다.

서정화 서울대학교 총동창회 회장님을 뵙고자 하오니 좋은
날 좋은 때를 적시해 주시면 꼭 한번 뵈옵고 상호 유익한 길
을 찾기 원하오니 부디 한번 꼭 뵐 수 있는 기회를 주십사 하
여 마지막 소청을 드리는 바입니다.
좋은 회답을 기다리겠습니다.

　　　2017년 6월 15일 한춘자 드림

서정화에게서는 응답이 오지 않았다.

*서정화는 묘한 학력을 가지고 있다. 1951년 서울 법대 입
학했고, 1952년 고등학교를 졸업했다. 소위, 중위로 진급했
고 1954년 대위로 진급하고, 육군기갑학교를 졸업했는데
1955년 서울대 법대를 졸업하고 후에 동창회장까지 지냈다.
서정화는 대관절 무슨 조화를 부린 걸까?

2021년 여름 여관에서 기거하는 언니가 생활비 달라고
해서 만나 식당으로 이동 중. 언니는 서류를 도둑맞을지
모른다며 외출할 때는 항상 서류가방을 가지고 다닌다.
앞서 가는 이(흰 가방)가 저자 한영순

7) 숨긴 돈을 통치자금, 국가비자금이라 말하지 마라

대한민국 정부가 제대로 굴러가는 정의로운 정부라면 한춘자 통장의 이상한 돈의 존재에 대해 그 정보를 아는 재경부, 국세청, 금융감독원 공무원이 돈의 출처, 계좌는 몇 개, 금액은 얼마 등을 밝혀 그 돈에 대해 한춘자에게 소명하라고 하든가 수사를 해야 했다.

그러나 박정희와 전두환의 군사독재정부가 25년간 이어지면서 그 뒤에 들어선 정부의 대통령들도 막대한 비자금에 대해 자신 있게 손을 대지 못했다. 부도덕한 정보기관, 부도덕한 국회의원, 부도덕한 공무원들 때문에 내 언니 한춘자는 억울하게 징역을 살았고, 엄마와 형제들에게 인정받지 못하고 현재까지도 여관을 전전하며 피눈물 흘리면서 국가의 희생물로 살아가고 있다.

때로 더러운 권력자들의 분탕질로 그 돈이 사고를 일으켰을 때 개인통장의 천문학적인 돈에 대한 조사를 외면하는 검사와 이를 비호하는 판사들 때문에 개인과 가족은 희생되고 한국의 정치와 경제는 크게 오염된다.

공권력은 주권자인 국민이 믿고 의지할 수 있는 최후의 보루이다. 그런데 통치자금, 국가비자금으로 포장되는 더러운 검은 비자금이 일부 권력자들의 비리의 온상이 되어 있고 그

것을 위해 권력을 잡고, 그것에 의해 권력을 유지하고, 그것을 이용해 부귀를 누리는 한 국가의 미래는 없다. 더러운 돈을 탐하는 세력이 더러운 돈으로 정권을 유지하려고 모사를 꾸미는 동안 금수저와 흙수저 논란은 사라지지 않는다. 의료민영화? 전력의 민영화? 검은 돈들은 또 다시 검은 세력을 위한 자본이 될 것이고 분단자본주의의 적폐, 불평등의 골은 커져만 갈 것이며 한반도의 분단극복과 통일을 향한 길은 멀어져만 갈 것이다.

대한민국은 국민은 정직한데 국가가 정직하지 않고, 대부분의 대통령이 정직하지 않고, 공화당~국민의힘당이 양심이 나쁜 당이기에 박정희의 범죄는 오랫동안 은폐되고 청산되지 못한 채로 애꿎은 국민들만 피해를 당했다. 지금도 국민의힘당은 반성하지 않고 변명으로 일관한다.

제대로 국가가 돌아가려면 박정희 대통령의 범죄적 작태들에 대해 이제는 정치가들이 나서서 정리를 해야 한다. 독재 정치가들에게 당한 국민의 억울한 피해에 대해 진상규명과 피해보상을 말해야 한다. 국회의원, 판검사가 너무 덩어리가 커서 두렵다며 부정과 비리에 눈 감으면 대한민국의 정의는 누가 세우며 국민은 어디에 가서 억울함과 고통을 호소할 수 있을까.

단언컨대 박정희의 비자금을 파헤치지 못하는 한 한국의

민주주의는 존재할 수 없게 된다. 박정희의 돈줄이 여전히 큰 흐름이 되어 경제를 주무르는 한, 그 돈을 지키기 위한 카르텔을 깨지 못하는 한 촛불혁명은 성공할 수 없다. 이생망, 3포세대, 5포세대를 말하며 낙담하는 청년들의 눈물을 닦아 줄 수 없다. 서정화, 박주선 따위의 야바위꾼들이 단죄 받지 않고 부귀를 누리는 한 대한민국은 선진국이 될 수 없다. 분단극복이나 통일 등 한반도의 밝은 미래는 꿈도 꿀 수 없게 된다.

☒ 공권력이 못 밝히거나 안 밝히는
  감춰진 돈의 진실을 밝혀라!

☒ 한춘자의 통장계좌를 모두 밝히고
  입출금 내역을 모두 밝혀라!

☒ 1953~1955년 아버지 한희승에게서 가져간
  돈의 액수를 밝히고 가족에게 반환하라!

☒ 비자금을 관리하고 있는 조직의 실체를 밝히고
  책임자를 밝혀라!

☒ 박정희 비자금 환수법을 제정하고
  현재 검은 세력이 관리하고 있는
  차명계좌의 모든 돈을 밝혀내어 국고로 환수하라!

☒ 검은 돈, 숨은 돈으로 이익을 보고 있는 조직을
  해체하고 책임자를 처벌하라!

에필로그-
순이들의 대담

저자 한영순은 1955년 6월 출생이고 이 책의 편집을 도운 고은광순은 1955년 5월 출생이다. 독자들이 궁금해할 이야기들을 풀어내기 위해 대담 형식으로 진행해 책의 말미에 붙인다. (갑장인 두 사람은 보다 진솔한 소통을 위해 말을 놓기로 했다.)

광순: 메신저를 다시 뒤져보니 우리가 페북에서 처음 만난 게 2020년 5월이더라. 자기가 무엇에 홀렸는지 메신저로 커다란 엄지척을 보내왔지. 나는 응대를 하지 않았고…. 2021년 8월, 내가 실미도 관련 책을 낸 직후에 자기가 다시 메신저를 보냈지. <실미도로 떠난 7인의 옥천청년들>을 사고 싶다고. 내 대답은 냉정했어. "인터넷 주문 가능하십니다." 그런데 시골에 사는 자기가 바쁘니 계좌번호 달라며 내게 <조국의 시간>, <추미애의 깃발>까지 추가해서 심부름을 시켰지. "나도 시골 산다." "인터넷 주문하면 택배비도 안 들고 세상 편하다."고 발뺌을 했지만 막무가내로 디미는 자기를 위해 결국 심부름을 해 주었고 그게 첫 인연이 되었지. 그런데 왜 페북도 잘하는 여자가 인터넷 주문을 직접 안 하고 바쁜 내게 한사코 심부름을 시킨 거야?

영순: 당시 KT를 쓰고 있었는데 인터넷 연결이 엉망이었어. 컴퓨터가 자주 다운되고. 방문 수리기사 말로는 이건 외부에서 조종하고 있는 어떤 세력의 소행이 아니면 일어날 수 없는 고장이라는 거야. 한두 번이 아니었지. 보통은 거실에서 자는데 어떤 날은 밤에 문득 기록해야 할 일이 생각 나 컴퓨터를 쓰려고 방으로 들어가니 컴퓨터 위에서 커서가 제 마음대로 움직이고 있는 거야. 그러더니 자전거 탄 남자가 씨익 웃고 지나가는 영상이 나오더니 퍽하고 꺼지는 거야. 회

생불능. 그래서 인터넷 주문 같은 게 뜻대로 되지 않았어. 그걸 핑계로 자기와 가까워지고 싶은 마음도 있었지. 나도 책을 쓰고 싶었는데 쉽지 않았거든. 자기는 책을 여러 권 썼으니 도움을 받고 싶기도 했고. 최근에 통신사를 바꿨더니 괜찮더라고. KT는 서정화와 밀접한 관계가 있는 회사라고 들었거든.

광순: 나도 작년 5월 열흘 남짓 사이에 다섯 번 메일 해킹을 당한 적이 있어. '비밀번호가 유출되었습니다.' 뭐 이런 연락이 통신사에서 오거든. 계속 비번을 바꿨지만 소용없더라고. 그 아이피들이 네 번은 터키 앙카라, 한 번은 러시아에서 온 거야. 내가 마을사업 하느라고 관공서에서 온 메일에 노란 별표를 해 놓은 게 있었는데 그걸 기어이 열어보려 했던 모양이야. 관공서에서도 내게 연락을 했더라고. 자기네가 내게 보낸 메일이 해킹 당했는데 혹시 무슨 일을 하고 계시냐고. 그 뒤에 충북에서 간첩단 사건이 발표되었는데 공안세력이 그때 나도 엮고 싶었던 걸까? 그때 짐작할 수 있었지. 한국 공안세력의 지부가 터키나 러시아에도 있는 모양이라고. 그런데 서정화가 KT와 무슨 관계지?

영순: 서정화는 DK그룹의 회장인데 아들 서수민이 2개, 서홍민이 8개의 회사를 갖고 자산규모가 2조가 넘어. 이 책을 보신 분들이라면 이 엄청난 자산이 어떻게 일궈진 건지 짐작

을 하고도 남지. 이들은 엄청난 담보를 잡혀 대출을 받고 단번에 수백억의 차익을 걸어 들이기도 했지. 요지경 속이야. 서정화와 KT의 관계는 정보부 요원들한테 들었어. 통신3사 무슨 총판이라던가….

광순: 세상에 대한민국의 대부분의 금수저들이라는 건 모두 검은 돈을 움직이는 검은 세력들의 자식들이네. 그러니 저런 자들이 분단극복을 신경 쓰겠어, 통일을 염두에 두겠어. 저런 자들과 저들의 하수인들이 선제공격을 말하고 종전선언 반대를 외치는 것이지. 미국의 무기자본은 뒤에서 벙긋 웃을 것이고….

영순: 어쨌든 그들의 방해가 우리를 만나게 이어주었으니 인생사 새옹지마네. 어려운 일이 행운을 가져다주기도 하고, 행운으로 알았던 것이 불행을 가져오기도 하고. 그동안 우리 엄마, 우리 가족이 겪었던 처절한 삶의 기억 때문에 눈물로 지새웠던 날들이 얼마였는지 몰라. 끝도 없이 깜깜한 터널을 허리를 펴지도 못하고 지나는 기분이랄까. 그런데 이렇게 자기를 만나 책을 완성시키게 되었으니 이제야 허리를 펴게 되는 기분이야.

광순: 일본유학생 간첩단 사건들 말이야. 나중에 재심받고 다 무죄가 되었지만 생사람을 고문으로 간첩 자백을 하게 하니 거의 폐인이 되다시피 했지. 그들 인터뷰를 보니까 일본

에 살면서 조센징이라고 숱하게 차별받고 살았기에 조국에 와서 차별 세상의 수모를 잊고 조국의 따뜻한 품에서 새로운 지식을 배우고 싶었다고 하더라고. 그런데 웬걸. 일본에서는 차별을 받는 것에 그쳤지만 조국에서는 존재를 부정당하고 생명을 위협받았다고 울먹이더군.

자기 부모도 북이 사회주의 경제를 택하니까 재산을 지키려고 해방 직후에 황급히 자본주의 체제인 남으로 피신했던 거 아니야. 그런데 아등바등 불려가고 있던 그 재산을 박정희에게 모두 빼앗기고 한을 품은 채 세상을 떠나게 되셨지. 북에서도, 남에서도 부모님은 답을 찾지 못하신 거야. 아니, 북에서는 재산을 나누고 '함께 나누며 살기'라는 가치관을 체화할 것을 요구받으며 불만은 있겠지만 천수는 누리실 수 있지 않았을까?

영순: 맞아. 엄마는 항상 '우리가 부모님을 모시지 못하고 남으로 피신한 게 죄가 되어 이렇게 천벌을 받는 모양'이라고 울고는 하셨지.

광순: 이 문제야말로 자기 탓을 할 일이 아니라 남 탓을 해야 할 문제지. 빼앗아간 놈이 있고 그 덕을 보는 놈들이 계속 그걸 유지하며 은폐하려고 하는 중이니까. 빼앗기고 되찾으려 맞서는 자는 오히려 감옥 가고 고립 당해 폐인이 되어가고…. 그런데 7남매 중에 왜 자기만 이렇게 열심히 싸우는 거지?

영순: 5녀 2남 7남매 중에 아들 둘, 둘째 영옥 등 셋은 사망했고, 큰언니(90세), 셋째언니(한춘자 78세), 넷째언니(한명순 70세)와 나 이렇게 딸 넷이 남았는데 평생을 유복하게 산 큰언니는 너무 늙었고, 계좌주인 한춘자 언니 역시 온갖 고초를 겪고 무능력자가 되어 관리를 당하고 있어.

 나는 엄마의 절망과 눈물을 옆에서 가장 오래도록 보았고 기대를 받아왔으니 엄마의 눈물과 분노를 헛되게 하고 싶지 않아. 엄마는 박정희의 못된 짓을 다른 형제들에게는 털어놓지 않고 내게만 시시콜콜 말씀하셨어.

광순: 왜?

영순: 박정희가 직업도 없는데 돈을 많이 갖고 있으면 빨갱이로 의심받아 크게 곤란해질 수 있다고 협박을 했다고 했잖아. 그래서 어머니가 돈을 벌 요량으로 무당들 뒤치다꺼리하며 생계를 이을 때가 있었다고 했잖아. 그때 어느 무당이 그러더래. "막내 영순이는 지는 해를 못 가게 잡아 끌어당길 정도의 힘이 있는 아이다."라고.

광순: 와우, 정말 그럴 수 있을 것 같아. 그런데 엄마가 항상 그러셨다고 했잖아. "박정희, 그 간나새끼. 돈 가져가기 전과 돈 가져간 뒤의 태도가 딴 판이야."라고. 그런데 돈 주기 싫으니까 돈 받아서 많아지면 빨갱이로 누명 쓸까봐 안 된다고 했다는 거지? 정말 교활한 놈이네. 누가 누굴 걱정

하는 거야?

영순: 응. 처음에 1950년 후반쯤 박정희가 소령일 때 알게 되셨다는데 박정희가 돈 빌리기 시작할 때는 아버지에게 간도 쓸개도 다 내어줄 듯이 공손하게 했다고 했잖아. 마루에서 내려올 때 신발도 가지런히 놓아드리고. 술자리마다 물주로 끌어들여 박정희 18번 '아아~ 으악새 슬피 우니 가을인가~요~' 이걸 집에 와서도 부르시고 어머니도 따라 배우시고 했다더라고. 그렇게 1955년까지 3년간 박정희에게 돈을 빨린 거야.

광순: 그런데 박정희가 그렇게 일찍부터 대통령을 준비했다는 사실은 금시초문이네.

영순: 자기는 꼭 대통령이 될 거라고 하더래. 통일해서 북에 있는 아버지 재산도 다 찾을 수 있게 해 주겠다고. 아버지는 회령에서 금광도 하고, 일본 동경대학에 유학 가서 토목을 배워와 토목회사 등을 차려 직공이 200명이 넘고 문이 100개가 넘는 집을 지니고 사셨다고 했잖아. 그러니 북의 재산을 찾아준다니 홀딱 넘어간 거지.

광순: 5.16 쿠데타는 1961년이었잖아. 그런데 쿠데타 10년 전인 1951년이면 전쟁 중인데, 전쟁 중에 벌써 대통령 할 생각을 했다는 거야? 하기야 전쟁 중인 1950년에 조강지처 버리고 육영수 하고 결혼을 한 놈이긴 하지. 그러니까 쿠데

타 할 준비를 10년 전부터 한 거네. 참 놀랍고도 새로운 사실이고만. 그런데 두 사람의 사이가 나빠진 건 당연했던 일일까?

영순: 아버지는 1919년 3.1운동이 일어났을 때 열다섯의 나이로 독립군 심부름을 하다가 차로 일본군에 연행되는 과정에 주민들이 몰려들어 차를 막아서고 돌 던지고 하며 일본군이 혼비백산할 때 탈출하셨다고 해. 어머니는 그 이야기하실 때마다 얼마나 신이 나서 말씀하시던지…. 그러니 부모님 모두 반일, 항일 감정은 변치 않고 갖고 계셨는데 박정희는 친일하며 사람을 많이 죽였고, 만주에서 독립군 잡던 놈이라는 걸 나중에 알게 된 데다가 언뜻언뜻 권력에 대한 과한 욕심, 아버지에 대한 일관되지 못한 태도 등을 알게 되셨지.

엄마한테 '저 민한 간나새끼. 음흉하고 수단방법을 가리지 않아. 배신도 쉽게 할 놈이지.' 이런 말을 자주 했다고 하시더라고. 그러다가 1956년 4월 2일(음) 일요일인데 군인 가족 결혼식이 있었대. 거기서 아버지가 박정희와 만났는데 둘이 크게 싸우고 집에 돌아오셨다는 거야. 엄마한테 박정희가 대통령감도 아니고 그동안 해 왔던 짓도 믿음직스럽지 않고, 그를 믿고 돈을 꾸어준 것이 참으로 후회된다고 얼굴이 붉으락푸르락해서 방으로 들어가셨는데 예닐곱 시간 뒤에 심장마비로 돌아가신 거야.

광순: 내가 2012년 옥천에 귀촌한 지 몇 년 뒤에 옥천의 청년들이 실미도 사건에 7명이나 개입되었다는 사실을 알게 되었거든. 31명 중에 7인이라니. 흉악범, 무기수 등이라고 영화에는 나왔지만 알고 보니 18세, 19세의 전과 하나도 없는 초등학교 동창들이었더라고. 실미도 공작원 모집의 근거가 1968년 1월의 김신조 사태였는데 그 또한 두어달 전 남쪽에서 이진삼 대위가 북에 가서 33명을 죽이고 내려왔기 때문에 발생했던 거고. 이진삼은 그 짓을 하고 윤필영과 함께 청와대로 들어가 박정희로부터 두둑한 하사금 봉투를 받았지. 이진삼은 그 뒤로 승승장구. 참모총장, 국회의원, 장관을 다 해 먹고 후에 야당의원들 집 담을 넘어가 서류를 훔치고 테러를 하는 등 정치깡패 노릇도 했어.(<실미도로 떠난 7인의 옥천청년들> 136~148쪽) 너무나 어이없는 사건들이 대한민국에서 벌어졌는데 대다수는 모르고 살았잖아.

실미도 사건(1971) 50주기에 맞춰 <실미도로 떠난 7인의 옥천청년들>(모시는 사람들)'을 출간하느라고 글을 급히 써야 했거든. 그때 아쉽게 놓친 게 뭐냐면 차지철과 박정희가 완전히 똑같은 정신적 문제, 성격장애를 가지고 있었고 그게 정신의학적으로 규정하는 용어가 있을 것이었는데 그걸 알 수 없었어. 책을 출간한 이후에야 여기저기 뒤져서 그걸 찾아냈지.

영순: 그게 뭔데?

광순: 차지철, 박정희가 똑같이 갖고 있던 건 NPD(Narcissistic Personality Disorder) '자기애성 인격장애'야. 자기애성 인격장애의 특징은 〈권력에 대한 과도한 욕망, 팡파레 등 자기를 영웅시하는 것에 대한 기대, 섹스나 마약 탐닉, 자기에 대한 도전은 반드시 앙갚음을 해야 한다는 강박〉 등이거든. 〈실미도로 떠난 7인의 옥천청년들〉 책에 차지철 이야기(121~130쪽)를 써 놓았는데 누구라도 차지철 성격의 문제를 알아챌 수 있지. 너무나 황당하니까. 그런데 박정희는 그이상이었거든. 놀라운 사실은 그걸 미국이 정확하게 꿰뚫고 있었다는 거야.

영순: 나도 자기 책에서 봤어. 그래서 미국이 그의 정신적 문제를 꿰뚫어 보고 그걸 이용했더군. 세계가 '더러운 전쟁'이라고 규정한 월남전에 파병을 이끌어내야 하니까 수단 방법을 안 가리고 세상에…. 존슨은 5.16에 맞추어 자기 전용기를 보내어 박정희 부부를 태우고, 미국에 도착했을 때는 요란한 카퍼레이드로 맞아주고, 코앞에 달라붙어 월남 파병을 요구했다면서. 그 뒤로 박정희는 자기 자신을 세계 최고 패권국의 대통령과 동일선상에 올려놓고 동화에 나오는 배부풀리는 잘난 척 개구리처럼 살았던 거야.

광순: 태극기 일베들은 박정희가 잘 나서 미국 방문했을 때

요란한 환영을 받은 줄 알더라고. 알고 보면 미국이 박정희의 성격적 장애를 이용해 모자란 병력을 메꾸려고 박정희를 철저히 농락한 건데 말이야.

영순: 어쨌건 미국은 박정희를 끌어들이는 데 성공했네.

광순: 그래. 부통령이었던 존슨 역시 케네디가 암살당한 후 대통령이 되자 무기자본의 등쌀에 못 이겨 '더러운 전쟁(dirty war)'이라고 세계가 손가락질하는데도 월남전을 일으켜 10년 넘게 폭탄을 쏟아부은 거거든. 국가는 전쟁에 져도 무기회사는 막대한 부를 쌓게 되지. 그게 미국이 2차대전 이후 지금까지 200개가 넘는 전쟁에 발을 들여놓는 이유야. 한반도에서 남북이 3년 싸우고 70년을 으르렁거리며 살게 되는 이유지.

미국이 종전선언이나 평화협정을 미꾸라지처럼 빠져나가며 거부하고 한미군사훈련을 한사코 진행하려는 이유이기도 하고. 유엔사령부는 유엔과 관계가 없거든. 보고라인도 없고 미국이 월급 주고 운영하면서 한국민과 세계를 속이고 있지. 유엔사령관, 주한미군사령관, 한미연합군사령관 모두 한 사람이야. 퇴직 후에 무기회사 임원이 되어 일류 로비스트가 되기도 하지. 그런데도 미국, 일본 편에 서서 종전선언 반대, 선제공격을 입에 올리는 인간들은 천치바보를 넘어서서 민족에 악랄한 범죄를 저지르고 있는 매국노들인 거야.

영순: 이제 'NPD 박정희'라는 말을 자주 써먹어야겠어. 우리 엄마는 박정희가 죽고 나서야 조금 더 자유롭게 북한 사투리로 박정희를 욕하시고는 했지.

광순: 엄마의 생생한 억양 그대로 해봐.

영순: "박정희 저 간나새끼는 천벌을 받아서 부하 총에 맞아 죽었지. 물 좋아하는 놈은 물에 빠져 죽고 총 좋아하는 놈은 총 맞아 죽게 되는 거라. 어찌 사람으로서 자기 자식을 낳은 부인을 죽일 수 있나. 지 마누라 죽인 놈이 사람임메? 저 간나새끼가 많은 사람을 죽였제이요? 사람을 그렇게 많이 죽여놓고 어찌 천벌을 안 받겠음매? 오찰해 죽일 새끼. 무릉치 같은 종간나새끼. 아버지 돈 빨아 쳐먹으려고 아버지가 외출할 때 종놈이 상전 대하듯 제 손으로 신발을 닦아서 놓아드린 놈이제이요. 평생을 잊지 않고 은혜를 갚겠다던 놈이. 아버지 돌아가시자 입을 싹 닦고 우리를 이렇게 천대해? 우리 손으로 우리 눈을 찔른 기야…." 그런 말씀을 하셨지.

광순: 오찰한다는 게 뭐야? 무릉치? 아내 육영수를 죽인 건 어찌 아셨을까?

영순: 오찰한다는 건 사지를 찢어 죽인다는 말이래.

광순: 그럼 오살(五殺)을 한다는 말을 잘못 들은 거 아냐?

영순: 그런가? 무릉치는 모르겠고. 어머니가 무수한 중앙

정보부 사람들을 아시는데 그중에는 충성파(친 박정희파)와 비판파(양심적인 반 박정희파)가 있어. 비판파는 엄마한테 가끔 진심어린 충고들을 해 주었대. '언제 어디서든 누군가가 감시하고 있다는 걸 잊지 마라. 꾸어간 돈을 박정희가 언젠가 갚겠다는 건 다 거짓말이다. 절대로 갚지 않을 사람이다. 제 마누라 육영수를 죽인 건 중앙정보부원이라면 거의 다 아는 사실이다. 그렇게 광적인 사람이다. 권력을 위해서라면 자기 사람도 죽이는 걸 눈 깜짝 않고 하는 인간이다. 기대하지 않는 게 좋을 거다.'

그래서 자기가 실미도 책에서 박정희가 육영수를 죽였다고 쓴 걸 보고 깜짝 놀랐지. 우리 엄마 같은 사람이나 알고 있는 걸 저 사람이 어떻게 알고 있지? 하고 말이야.

광순: 일찍이 월간 〈말〉 지에도 나오고, 2005년에 SBS '그것이 알고 싶다', MBC '이제는 말할 수 있다'에도 다 나왔어. 작년에 SBS '꼬꼬무'에서도 다시 했고. 그런데도 박정희가 육영수를 죽인 그 엽기적인 사실, 박정희의 민낯은 대중에게 널리 알려지지 않는다는 게 참 이상하지.

영순: 방송에서 어떤 내용이 나왔는데?

광순: 〈말〉 지에서 본 내용은 이래. 경찰을 취재한 건데… 그날 아침 일찍 지시가 떨어졌는데 오늘 행사장 입장객의 몸수색을 하지 말라고 했다는 거야. 당근 소지품도 조사 말고

들여보내라는 거지. 경찰이 참으로 이상하다고 생각했대. 그러고 현장에 갔는데… 행사장 뒤쪽에 웬 청년이 들어와 앉아 있는데 가슴에 비표가 없더래. 그래서 왜 당신 비표가 없냐고 나가라고 하니까 로비로 나갔는데… 나중에 청와대 경호실에서 입장하면서 그 청년을 보더니 '어, 왜 이 분이 나와 계시냐. 들여보내라.' 하더라는 거야. 그래서 다시 입장을 시켰다는 거지.

영순: 수상하네.

광순: 문세광은 한국말을 전혀 하지 못하는 가난한 재일교포 2세였대. 그런데 한국으로 떠나기 전에 하얀 자동차를 사서 키를 민단 선배에게 맡겨. 나중에 한국 검찰이 밝혔다는 증거가 그 차 안에서 발견되지. 돈이 없는 백수 청년의 이상한 행각은 한국에서도 이어져. 문세광은 입국 후 비싼 조선호텔에 묵었는데 외부에서 전화가 왔을 때 전화교환수가 문세광 방에서 '여보세요'라고 전화를 받는 음성을 들었대. 후에 김종필이 전화교환수들에게 한국말 들은 적 없다고 하라며 입단속을 시켰다더군. 김종필이 분명하냐고 묻는 기자들에게 그녀는 "아이고, 우리가 김종필을 모르겠어요?"라고 하더라고.

영순: 한국정부에서 문세광을 이용한 거군.

광순: 문세광은 권총을 만져본 적이 없는 청년이었거든. 출

발 전에 입원한 상태에서 병원 옥상에서 연습을 했다는데 옥상이라는 게 빌딩에 둘러싸인 넓지 않은 공간이더라고. 거기서 무슨 사격연습을 할 수 있었겠어. 문세광은 총알 다섯 개가 들어가는 총을 사용했는데, 첫 발은 총을 꺼내면서 실수로 자기 대퇴부를 쏘았다고 하고, 한 발은 총에 남아 있었고 다른 세 발은 연단에, 태극기에, 천정에 맞았대. 육영수를 쏘지 않은 거지. 육영수를 쏜 총알은 감식반이 도착하기 전에 경호실에서 싸그리 훑어가는 바람에 발견할 수 없었대.

영순: 문세광이 아니면 누가 쐈을까?

광순: 당시 서울시경 감식계장 이건우 씨가 1989년에 양심선언을 했는데 탄두가 사라진 것 외에도 문세광이 현장에 타고 온 고급승용차가 위장 번호판을 달고 있었다더군. 사건 10일째에 처음 문세광을 대면했는데 다리는 멀쩡하더래. 대퇴부 부상 이유로 현장 검증은 대역이 했거든. 대퇴부를 쏘았다는 발표와 달리 오른쪽 발 오른쪽을 가볍게 스치는 총상을 입었는데 이 계장은 '아, 이건 공범에게 보내는 신호로 쏜 거였구나.'라고 생각했다는 거야.

합창단에 있다가 총에 맞은 장봉화 양은 박종규 경호실장의 오발로 죽었다고 발표까지 했는데 검찰은 기소장에 문세광이 쏜 것으로 적었더래. '아… 경호실과 전혀 무관한 것으로 시나리오를 짜는구나.' 이렇게 생각하며 이건우 씨는 혀를 내둘렀다고 해. 이건우 씨는 문세광 총이 경호실 총과 같은 리볼버였다며 당시에 의혹들을 밝혔다면 모두 죽었을 거라고 했어. 부도덕한 정권 밑에서 권력의 하수인으로 지낸 자신을 한탄하다가 미국에서 죽었지.

문세광은 묵비권을 썼다는데도 당일 석간신문에는 문세광의 모든 것이 실렸고 31시간 만에 문세광의 입을 열게 한 검사는 유신헌법 초안자로 악명 높은 김기춘이었지.

문세광에 대해서 〈우리는 대통령을 쏘았다〉라고 일본의 타카 유지가 책을 냈더군. 일본 교포들은 대체 권총 초보자인 문세광이 어떻게 총을 가지고 비행기 검색대는 통과했겠냐며 문세광의 출발부터 사건 현장에서 일을 벌일 때까지 모든 것을 혼자 힘으로 하지 않았을 거라고 생각하더라고.

영순: 그런데 왜 이런 이야기들이 널리 알려지지 않는 건지 정말 알 수 없어. 아무리 권력욕이 강하다 해도 자기 아내까지 죽일 수 있다는 게 일반인들이 상상하기 힘든 일이기는 하지만 말이야.

광순: 박정희는 전형적인 NPD야. 그러니 재선(1967년)하면서 3선 개헌(1969)을 위해 국회의원 확보하느라 온갖 부정을 다 저지르고 3선 당선(1971) 뒤에는 영구집권을 위해 유신헌법(1972)을 통과시키느라고 별짓을 다 했지. 방해가 되면 야당 국회의원뿐 아니라 자기 쪽 국회의원들마저도 데

려다가 폐인이 되다시피 혼쭐을 냈으니까. 그 와중에 김대중을 지지하던 고등학교 2학년 한종호(1971년 의문사), 고등학교 2학년 한보만(1974년 의문사) 형제 등 무수한 의문사 사건을 남겼지. 정말 권력에 미친놈이었어. 그렇게 저항을 제압해가며 권력을 유지하려니 비자금도 많이 필요했을 테지.

영순: 우리는 돈을 빼앗겼지만 한종호 형제처럼 생명을 빼앗긴 사람들은 얼마나 원통할까.

광순: 일본군, 만주군(황군) 출신들은 명분 없는 약탈 전쟁에 참여하면서 '잔인함'으로 길들여졌지. 황군 출신 박정희는 그 악습을 한국군에 이식했어. 한홍구 교수에 따르면 박정권 18년 동안 군에서 3만4천 명이 사망했대. 유신시대에만 1만1천 명이 사망했는데 박정희 정권은 병역기피율 제로를 요구해서 살생을 거부하는 여호와증인교 청년들은 가로 1미터 세로 0.6미터 독방에 갇혀 손은 뒤로 결박, 입으로 밥을 먹고 옷을 입은 채 용변을 보아야 했대. 그러다가 사망하면 위로금 1만 원을 주었다더군. 자기들은 천문학적으로 돈을 약탈하고 갚지도 않으면서 말이야.

영순: 박정희가 계속 돈을 갚지 않으니까 1968년에 엄마는 돈을 찾기 위해 김영삼을 찾아갔어. 그런데 박정희는 그 직후에 사소한 이유로 엄마를 구속시키고 셋째딸인 한춘자를

꾀어 한춘자 계좌로 비자금을 넣기 시작해서 돈을 저장해서 사용했어. 엄마는 딸의 통장에 돈이 들어오니까 빚 갚으라는 말은 더 이상 할 수 없게 되어버렸고 실상은 가족이 전혀 손 댈 수 없는 비자금 통장이니 돈을 사용할 수도 없었지. 그러면서 박정희의 교활하고 악착스러운 양면을 너무나 잘 알게 되셨지. 실미도 책에 '귀태'라는 표현이 나오던데 나 역시 엄마에게 자초지종을 들으면서는 '흡혈귀'라는 단어가 떠오르더라고. 오죽하면 엄마를 모시고 '흡혈귀' 영화를 보러 갔겠어. 처음에는 신사적이고 부드러워 보이지만 피를 빼앗아 먹을 때는 180도로 돌변하지. 자기가 살자고 상대를 희생시켜 버리는 모습은 정말 박정희 모습 그대로였어. 그런데 어떻게 오랜 세월동안 국민들은 박정희의 흡혈귀 같은 모습을 눈치도 채지 못했을까?

광순: 초등 3학년 때(1963년) 아버지와 둘이 밤늦게까지 대선(5대) 개표방송을 보던 기억이 나. 아버지는 늙은 윤보선보다 젊은 박정희가 더 잘 할 거라고 하셨고 나도 그런가 보다 했지. 그런데 웬걸. 박정희는 1961년 쿠데타를 일으킨 뒤 내가 초등, 중등, 고등, 대학을 다닐 때에도 대통령을 해 먹었어. 고등학교 무렵에는 전 학급이 사이렌이 울리면 지하로 내려가는 교련 훈련을 하고 화생방 훈련이라나 뭐라나, 길을 가다가 사이렌이 울리면 시장골목 안쪽이나 지하도로

내려갔다가 해제 사이렌에 올라오는 엉터리없는 훈련을 했거든. 밤에 하는 훈련도 있었는데 집집마다 불을 모두 끄고 창문 밖으로 불빛이 새어나오면 안 된다고 순찰 돌며 고래고래 소리를 지르기도 했지. 그런데 대학을 들어가 선배들을 만나고 따로 이런저런 책들을 찾아보면서 그 우스꽝스러운 훈련의 정체를 알게 되었지. 아니 무슨 위기에 대비한다면서 방독면도, 비상식량도 전혀 없이 숨바꼭질 같은 걸 훈련이라고 하느냐고. 박정희와 그 일당들이 집권연장을 위해 완전히 쇼를 했던 거야.

영순: 나도 기억이 나. 엄마 말씀이 박정희는 1950년 처음 만났을 때에도 광기 서린 권력욕을 갖고 있었고, 그런 힘에 아버지도 홀려서 3년 이상이나 돈을 빌려주게 되었고 끝내 빠져나오지 못하고 죽음을 맞으셨다고.

광순: 박정희가 한국전쟁 중에 부산에서 총 한 번 안 잡아보고 탱자탱자 남의 돈 갈취해서 술 먹으며 대통령 될 준비를 하고 있었다는 건 참 놀라운 사실이야. 그런데 정말 놀라운 건 자기가 가지고 있는 자료 중에 비자금계좌(차명계좌)의 주인이 총 834명이나 된다는 거잖아. 9명은 100조 이상이고, 통장에는 돈이 지금도 여전히 들어오고 있고…. 그걸 확보하게 된 것도 참 드라마틱하더군.

영순: 김영삼은 이 돈의 실체를 알았기 때문에 하나회를 해

체하고 실명제를 시작했던 거지만 이 비자금을 공개적으로 드러내지는 못했어. 이 돈을 그동안 안기부가 '국가관리비자금'으로 운영하면서 관계자 이외에는 아무나 접근할 수 없게 해 놓았기 때문이지. 그러다가 김대중 정부 들어서서 안기부가 국정원으로 바뀌면서 '98년 6월에 구 안기부와 신 국정원 사이에 이 문제로 충돌이 생겼고 고소 고발이 이루어지는 과정에서 노출되게 된 거야.

광순: 진보 보수를 막론하고 모든 정권이 이 돈의 존재를 알고 있었던 거잖아.

영순: 그렇지. 모든 정권이 이 돈을 이용하기도 했고. 그러나 보수정권과 보수 인사들, 즉 수구들 패거리들 중심으로 이 돈을 담보로 대출받고 엄청난 이익을 취하는 일은 수백 수천 건이 일어나고 있었던 거지. 언니가 발급한 인감증명서는 수천 장이 되는데 그 수천 번 그들이 언니 통장의 돈을 이용하고 있다는 증거지. 춘자 언니의 서류는 몇 년 전 언니가 여관비를 못 내고 몸만 빠져나왔을 때 내가 몇 달분 여관비를 대납하고 짐을 모두 빼오는 과정에서 확보한 거야. 언니는 다른 여관으로 옮겼고 당시 서류는 내가 관리하게 됐어.

광순: 수조 원의 통장을 갖고 있으면서도 번번이 저들에게 이용만 당하고 여관을 전전해야 하는 언니의 처지가 딱하네.

영순: 우리 집에 들어오라 해도 대인기피증에 의심이 많아

거부해. 박정희에게 이용만 당하고 폐인이 되어가는 언니를 보면서 박정희의 죄과는 태산과 같다는 생각을 하지.

광순: 이후락도 정말 놀랍더구만. '박정희의 경리부장'을 아주 야비하게 해 먹었더라고. 자기도 뭉텅이로 해 먹으면서 말이지. 죽기 직전에 언니를 만나자고 한 건 후회하고 참회하려고 한 건 아닐까…. 잠깐 그런 생각도 했었거든.

영순: 천만의 말씀. 참회하려 했다면 동생인 내가 가겠다고 했을 때 배손근 씨가 좋다고 했을 거야. 참회는 동생에게도 전할 수 있는 거였으니까. 그런데 단박에 거절했다고 했잖아. 참회가 목적이 아니었던 거지. 절대로. 죽는 순간까지도 언니를 이용해 돈을 확보하려던 아귀 같은 인간이야. 어찌 보면 불쌍하지. 그게 뭐라고.

광순: 최근에 이천 물류창고 화재사건 있었잖아. 38명이 사망했다던가. 그게 이후락 손자 소유라 하던가.

영순: 그래 프라이드가 자기 앞 길을 막았다고 세워놓고 폭행을 했던 '건방지게 프라이드가' 사건 관련자라더군. 오래전 사건이지만…. 참말로 그 할아버지에 그 손자야.

광순: 박정희가 장기집권에 대한 불만이 높아지고 위기상황에 몰릴 때마다 간첩사건이 터지고는 했거든. 그때마다 여론은 꽁꽁 얼어붙고 독재정권에 대한 비판은 잦아들었지. 3선개헌, 유신개헌 때도 구실이 북의 위협이었지. 나는 최근

에야 그들의 소행을 일목요연하게 알 수 있는 자료를 발견하고 현수막으로 만들어 가지고 다녀. 이 책의 뒤에도 실어놓자고. 그래야 독자들이 박정희, 전두환이 무슨 짓을 했는지 쉽게 이해할 거야. 간첩사건조작, 용공조작, 빨갱이몰이, 종북몰이…. 이게 모두 군사독재권력의 장기화를 위한 도구였어. 북한을 혐오하게 하는 '혐북'이야말로 박정희의 안전을 지키는 수호천사 같은 도구였지. '혐북'은 미국의 이익을 위해서도 절대적으로 필요했기 때문에 미국의 비호 아래 마음 놓고 써먹었어. 참으로 교활한 놈이지.

영순: 그래. 박정희가 가장 심혈을 기울인 게 '혐북'이었겠구만. 그래서 지금도 광화문의 태극 일베들이 '혐북', '종북몰이'를 '애국'과 같은 의미인 양 써먹고 있는 것이고. 그러니 박정희가 죽었다 하더라도 박정희의 해악은 나라 전체에 가득 차 있게 되는 거지.

광순: 간첩조작과 쌍벽을 이루는 게 반공드라마지. 반공드라마 작가로 유명한 김동현 씨가 있었는데 중앙정보부 출신이었대. 군사독재정권이 혐북을 위해 국민을 길들이려니 이런 드라마가 아주 효과적이라고 생각했겠지. 그것도 늘 대본을 안기부에서 미리 체크했다더먼. 그러니 북을 악마처럼 묘사하고, 아주 우스꽝스럽게 그려야 했겠지. 그게 지금 우리 국민 거의 대부분에게 각인되어 있을 거라고 봐.

영순: 나도 기억 나. 항상 북한 사람들은 무섭고, 우스꽝스럽고, 잔인했지. 친 박정희파들은 태극기 흔들고 다니며 '멸공'을 이야기하지만, 우리 부모는 남쪽에서도 피눈물을 쏟으셨잖아. 우리가 언제나 정상적인 소통으로 상대방을 제대로 알 수 있게 될까. 아니 언제나 스스로의 문제들을 제대로 풀어갈 수 있을까. 얼마 전에 남산의 부장들을 보고 얼마나 울었는지 몰라. 우리 가족이 겪었던 악마 같은 박정희가 아주 사실적으로 그려졌더라고.

광순: 박정희는 미국의 비호를 계속 얻어내기 위해 미국의 정치가들을 돈으로 매수해야겠다고 생각했지. 박정희는 통일교, 박동선 등을 통해 로비를 했고 이것이 들통 나서 프레이져보고서(1978. 10.)가 나오게 되면서 박정희는 미국에게서 버림을 받게 되지. 쿠데타를 일으킨 지 18년 만의 일이야. 박정희는 미국의 의회에 출석해서 박정희의 비리를 폭로한 배신자인 전 중정부장 김형욱을 1979년 10월 8일 살해했는데 18일 후 자기 자신도 살해당했지. 그런데 박정희의 사악한 영향이 '혐북' 뿐 아니라 다른 분야에도 심각하다는 걸 자기를 만나 알게 되었지. 박정희가 만들어 둔 '돈'. 그게 그렇게 엄청난 규모인 줄 상상도 못했네.

영순: 그래. '혐북'이 정치적으로 남아 있는 더러운 유산이라면, 비자금은 경제적으로 남아 있는 더러운 유산이지. 그

비자금이 전두환 하나회로 이어지고, 한나라당~국힘당 떨거지들의 더러운 재산 증식의 도구가 되고 있고 이들의 뒤를 봐주는 검사, 판사, 언론, 금융, 재벌 들이 물리고 물려 악의 카르텔, 그들만의 리그를 만들고 있는 거야.

광순: 세계 각국의 부패 문제를 비교 연구한 미국의 정치학자 마이클 존스턴 교수가 '한국 부패 유형은 매우 흥미롭다. 엘리트 카르텔 유형이다. 많이 배운 자들이 조직적으로 뭉쳐 국민을 등쳐먹는다.'고 했는데 이런 곳에서는 정치적 부패는 매우 교묘한 방식으로 재생산되고 있다는 거야. 비생산적인 국회, 제 기능 못하는 법원이 부채질하고 있고…. 우리나라 검찰 구조가 최악인 것은 요즘에 익히 보는 바이고….

영순: 외국인 학자의 눈에도 보이는 모양이지. 그가 박정희의 비자금에 대해서 이 책을 본다면 옳거니! 하고 무릎을 칠 거야. 세월호에서 왜 국정원 개입이야기가 끊이지 않고 나오는지, 대장동에서 왜 그렇게 많은 이상한 돈들이 떠도는지…. 한국 사회의 이상한 이야기들은 엄청난 규모의 비자금 문제가 제대로, 투명하고 공정하게 해결되지 않는 한 앞으로도 끊임없이 생길 걸.

광순: 그러니 어느 순간부터 젊은이들의 입에서 헬조선, 금수저, 은수저, 이생망이라는 말이 나돌더니 연애 결혼 출산을 포기한다는 '3포 세대'에 이어 주택, 인간관계의 포기가

더해져 '5포 세대', 최근에는 꿈, 희망을 포기한다는 '7포 세대'라는 말까지도 나오는 거지. 박정희의 정치, 경제적 더러운 유산이 한국의 현재와 미래를 망쳐놓고 있는 거야. 이 모두 분단 때문에 생긴 비극이고, 분단을 고착시키려는 세력의 조작과 음모들은 '거대한 돈'을 중심으로 아직도 활발하게 문어발을 뻗치고 있는 중이라는 거지.

영순: 그렇다면 이 책은 굉장히 큰 의미를 갖고 있다고 생각되네. 나는 부모님의 한을 풀고 재산을 되찾으려는 생각만을 해왔던 거지만, 비자금의 존재가 만천하에 드러나고 그것의 투명한 공개, 그간 불법으로 이득을 취해왔던 쥐새끼 같은 무리들에 대한 조사와 응징, 투명한 환수와 귀속이 법적 틀 안에서 공정하게 이루어진다면 한국의 미래는 상상할 수 없이 밝아질 거야. 그 돈이 근간이 되어 정치, 사법, 경제 등이 모두 더럽게 오염이 되어왔으니 말이야.

광순: 그래. 그런 만큼 자기나 나나 위험해질 수 있어. 이 책을 통해 미리 밝혀놓자고. 우리는 번개탄을 절대로 피우지 않겠다고 말이지. 우리에게 무슨 일이 생길 수도 있는데 우리 나이 60대 후반이면 아까운 나이이기는 하지만 억울할 나이는 아니야.

영순: 나도 죽을 각오 하고 맞장 뜨려고 생각한지 오래야.

광순: 우리가 만약 이 일로 죽게 된다면 그건 '애국순교'일

거야.

　영순: 명예로운 일이지.

　-둘이는 눈물을 훔치다가 웃음을 터뜨렸다.

　광순: 내가 늘 생각하는 거지만 우리들은 달걀이 아니야. 저들도 바위는 아니더라고.

　영순: 맞아. 어머니의 한을 풀기 위해, 눈물을 닦기 위해 애쓰다 보면 대한민국 절반이 넘는 사회적 약자들의 눈물을 닦아줄 수도 있게 될 거야.

제보를 바랍니다

박정희 비자금과 관련하여 저를 고소하실 분,
비슷한 일을 당하신 분,
양심선언 하실 분,
육영수 살해와 관련해 제보해 주실 분,
아래 사람들에 대해 상세한 내막(직업, 거처,
사망자는 사망 이유 등)을 아는 분들의
연락을 기다립니다.

특히 서정화와 강홍석, 박주선과 김광성,
윤증현과 윤종한의 관계에 대해
증언해주실 분들에게는 후사하겠습니다

연락처: 한영순 010-6276-0275
　　　　hanys2010@hanmail.net

강홍석(서정화 보좌관 1955년생),
고석주(1946년생),
김광성(박주선 보좌관 1941년생, 2003년 사망),
김영수(1944년생
안기부 출신 사망으로 알려졌으나 생존설이 있음),
김종찬(1917년생 사망), 김한출(1948년생?),
박윤환(1949년생), 박춘복(1948년생),
배손근(1946년생), 백용기(1935년생),
윤제영(1955년생 사망),
윤종한(윤증현 대리인 1942년생),
조정부(1941년생), 천호명(1942년생),
청운대사(1965년생), 최준택(1967년생),
황주연(1967년생 사망)

☒ *독재자가 조작한 간첩 사건들*

 박정희, 전두환의 군사독재정권은 국가의 안녕을 겉에 내세우고 뒤로는 권력의 안녕을 위해 수많은 국민을 희생시켰다.

〈이승만 정권 〉

 1958 간첩 누명을 쓰고 사형당한 조봉암 – 24억 배상 판결
 1959 심문규 이중 간첩사건, 사형집행 - 2012 무죄

〈박정희 정권〉

 1961 조용수 민족일보사건 - 조용수 등 2명 사형
 - 2008 무죄
 1961 법무부 경찰국장 위청룡, 중앙정보부 조사 중 사망
 - 2013 국가배상 판결
 1964 1차 인혁당 사건. 중앙정보부 간첩 날조
 – 28억 배상 판결
 1965 지하당조직 사건, 오진영 등 6명 – 2013 무죄
 1967 간첩 누명 21년 복역한 이수근의 처조카 배경옥
  – 68억 배상 판결
 1967 납북 어민 서창덕씨, 41년 만에 간첩 누명 벗어
 – 10억 배상판결

1968 통혁당 간첩단 사건, 3명 사형 집행
- 2021 박경호 박성준 무죄
1968 납북 어부 간첩사건, 백남욱 외 5명 징역
- 2008 무죄
1968 남조선해방전략당 사건, 권재혁 사형 집행
- 2014 무죄
1968 태영호 간첩 사건 - 무죄
1969 이수근 이중간첩 사건, 사형 집행 - 2008 무죄
1969 국정원진실위 "동백림 사건, 정치적으로 조작"
1969 유럽거점단 사건, 박노수 김규남 사형 집행
- 2015 무죄
1971 재일동포 구말모 간첩 사건, 징역 15년 - 2012 무죄
1972 납북 어부 박월림 간첩 사건, 징역 - 2012 무죄
1973 납북 어부 최만준 외 8명 간첩 사건, 징역
- 2012 무죄
1973 포철 이사 김철우 간첩 사건, 징역 10년 - 2013 무죄
1973 간첩 누명을 쓰고 조사 중 의문사한 최종길 서울대
교수 - 18억 배상 판결
1974 재일동포 고병택 간첩 사건, 징역 - 2013 무죄
1974 김용준 간첩 사건, 징역 - 2009 무죄
1974 문인간첩단 사건, 이철호 등 징역 - 2011 무죄

1974 유럽거점간첩단 사건, 김장현 등 징역 – 2012 무죄

1974 울릉도 간첩단 사건, 사형 집행, 무기징역 선고 등
– 2014 무죄

1974 인혁당 사건, 여남도 도예종 서도원 하재완 이수병
김용원 우홍선 송상진 8명 사형 집행 – 2009 무죄

1974 김도원 차은영 광영 부부 간첩 사건, 징역
– 2016 무죄

1974 재일동포유학생 김승효 간첩사건, 징역
– 2018 무죄, 2021, 15억 배상판결

1974 '민청학련 사건' 이철 등 12명 재심서 무죄

1975 김용준 간첩사건 – 무죄

1975 2차 인혁당 사건– 8명 사형 – 무죄

1975 재일동포 김우철 이철 형제 간첩 사건, 징역
– 2010 무죄, 2011 20억 배상 판결

1975 재일동포 유학생 김동휘 간첩 사건, 징역
– 2011 무죄

1975 재일동포 유학생 김원중 간첩 사건, 징역
– 2012 무죄

1975 재일동포 유학생 이동석 간첩 사건, 징역
– 2015 무죄

1975 재일동포 유학생 김종태 간첩 사건, 징역

- 2012 무죄

1975 재일동포 유학생 조득훈 간첩 사건, 징역

- 2014 무죄

1975 재일동포 유학생 강종현 간첩 사건, 사형선고

- 2015 무죄

1975 재일동포 유학생 이철 간첩 사건, 사형선고

- 2015 무죄

1975 재일동포 유학생 강종건 간첩 사건, 징역

- 2015 무죄

1975 재일동포 유학생 허경조 간첩 사건, 무죄

- 2012 국가배상판결

1975 재일동포 유학생 김오자 간첩 사건, 무기징역

- 2019 무죄

1975 백기완, 장준하 사건 - 2013 무죄

1976 납북 어부 김이남 간첩 사건, 징역20년

- 2014 무죄

1976 재일동포 유학생 최연숙 간첩 사건, 징역

- 2016 무죄

1976 납북 어부 정용규 간첩 사건, 징역 15년 - 2014 무죄

1976 제주 어부 간첩 사건, 징역 10년 - 2014 무죄

1977 재일동포 유학생 류영수 간첩 사건, 무기징역

- 2012 무죄

1977 재일동포 유학생 류성삼 간첩 사건, 징역

- 2013 무죄

1977 재일동포 유학생 김정사 간첩 사건,

징역10년 - 2013 무죄

1977 재일동포 강우규 간첩 사건, 사형선고 - 2014 무죄

1977 납북 어부 안씨 부부 간첩 사건, 징역 15년

- 2015 무죄

1978 태영호 사건, 징역 10년 등 - 2008 무죄

1978 정하진 반공법 위반 사건, 징역 - 2013 무죄

1979 납북 귀환 어부 간첩 사건 - 무죄

1979 삼척고정간첩단 사건, 전항식 김상희 사형 집행

- 2014 무죄

1979 납북 어부 간첩 사건, 배일규 징역 - 2015 무죄

〈전두환 정권〉

1980 김대중 내란 음모 사건 - 무죄,

오히려 나중에 전두환이 내란음모로 처벌됨

1980 신귀영 일가 간첩 사건 - 무죄

1980 간첩 누명 재일교포 이종수씨 재심에서 무죄

1980 간첩 누명 김기삼 씨 29년 만에 무죄

1980 석달윤 등 간첩 사건, 무기징역 등 - 2009 무죄

1980 김기삼 간첩 사건, 징역 7년 -2009 무죄

1980 재일동포 간첩 사건, 윤정현 징역 7년 - 2011 무죄

1981 아람회 간첩단 사건, 박해전 외 4명

징역 10년 선고 등 - 2009 무죄

1981 부림 사건, 징역 7년 선고 등 - 2014 무죄

1981 간첩 누명 재일교포 이헌치 - 2012 무죄

1981 진도 가족 간첩단 사건, 김정인 사형집행

- 2012 무죄

1981 납북 어부 강경화 간첩 사건, 징역 7년 중 옥사

- 2011 무죄

1981 납북어부 이성국 간첩 사건, 징역 10년 - 2011 무죄

1981 재일동포 이현자 간첩 사건, 무기징역 - 2011 무죄

1981 아람회 간첩단 사건, 박해전 등 4명 징역 10년 등

- 2009 무죄

1981 부림사건, 징역 7년 등 - 2014 무죄

1982 오송회 사건, 이광운 등 9명 징역 - 2008 무죄

1982 차풍길 간첩 사건, 차풍길 10년 징역 등 - 2008 무죄

1982 재일동포 유학생 이종수 간첩 사건, 징역 10년

- 2010 무죄

1982 재일동포 유학생 박영식 간첩 사건, 징역 15년

- 2014 무죄

1982 송씨 일가 간첩단 사건, 송지섭 외 일가 12명

징역 6년 등 - 2009 무죄

1982 납북 어부 김영일 간첩 사건, 징역 10년 - 2012 무죄

1982 일본 방문 김장길 간첩 사건, 징역 10년 - 2012 무죄

1982 재일동포 김양수 간첩 사건, 징역 8년 - 2014 무죄

1983 함주명 간첩 사건, 무기징역 - 2005 무죄

1983 조총련 간첩 사건, 오주석 징역 7년 - 2010 무죄

1983 조총련 간첩 사건, 김상순 징역 12년 - 2015 무죄

1983 조총련 간첩 사건, 최양준 징역 15년 - 2011 무죄

1983 조총련 간첩 사건, 구명우 징역 7년 - 2011 무죄

1983 납북 귀환 어부 정영 간첩 사건, 무기징역

- 2010 무죄

1983 납북 귀환 어부 이상철 간첩 사건, 징역 17년

- 2012 무죄

1983 재일동포 유학생 박박 간첩 사건, 징역 10년

- 2012 무죄

1983 재일동포 이주광 간첩 사건, 징역 15년 - 2015 무죄

1983 간첩 누명 최양준 씨 28년만에 무죄

1984 납북 어부 서창덕 간첩 사건, 징역 10년 선고

- 2008 무죄

1984 조총련 간첩 사건, 이장형 무기징역 선고

- 2008 무죄

1984 조총련 간첩 사건, 조봉수 징역 11년 선고

- 2013 무죄

1984 재일동포 조일지 간첩 사건, 징역 7년 선고

- 2012 무죄

1984 재일동포 유학생 허철종 간첩 사건, 징역 8년 선고

- 2013 무죄

1984 재일동포 유학생 윤정헌 간첩 사건, 징역 7년 선고

- 2011 무죄

1984 납북 귀환 어부 윤칠규 간첩 사건, 징역 10년 선고

- 2012 무죄

1984 납북 귀환 어부 김용태 간첩 사건, 징역 14년 선고

- 2014 무죄

1985 구미유학생 간첩단 사건 황대권 등, 무기 등

- 2021 무죄

1985 이준호 배병희 모자 간첩 사건, 징역 7년 등

- 2009 무죄

1985 납북 귀환 어부 정삼근 간첩 사건, 징역 7년

- 2009 무죄

1985 조총련 간첩 사건, 구명서 징역 7년 - 2011 무죄

1985 조총련 간첩 사건, 류황기 황병구 징역 - 2011 무죄

1985 홍종일, 박희자, 변두갑 등 간첩 사건, 징역 7년 등
- 2012 무죄

1985 이장형 간첩 사건 - 2008 무죄

1985 납북 귀환 어부 이병규 간첩 사건, 징역 7년 선고
- 2011 무죄

1986 조총련 간첩 사건, 김양기 징역 7년 선고 - 2009 무죄

1986 심진구 간첩 조작 고문 사건, 징역 2년 선고
- 2012 무죄

1986 재일동포 이동기 간첩 사건, 징역 7년 - 2015 무죄

1986 재일동포 김순일 간첩 사건, 징역 12년 - 2015 무죄

1986 정상금 간첩 사건 - 무죄

1986 간첩 누명 고문 사망자 26년 만에 배상판결

1986 간첩 사건 강희철 씨, 재심에서 무죄 판결

1986 간첩 혐의 납북 어부 26년 만에 무죄

1987 수지김 사건 - 2003 배상판결

〈노태우〉

1988 조총련 간첩 사건, 김철 징역 7년 - 2013 무죄

1989 강성호 북침설 교육 사건-2021 무죄

1991 유서 대필 사건 - 23년만에 무죄판결

1994 구국전위 사건, 징역 – 1997 무죄

1997 동아대 자주대오 사건, 징역 10년 – 1999 무죄

2011 탈북자 한준식 중앙합동신문센터에서 조사받던 중 사망

<박근혜>

2013 유우성 서울시 공무원 간첩 조작 사건 – 2015 무죄

2014 홍강철 보위부 직파 간첩 조작 사건 – 2016 무죄

☒ 주요 사실 관련 연대표

1905. 2. 5. 부 한희승 출생(함흥 신창리)

1914. 4. 1. 모 백금남 출생

1933 장녀 한영자 출생

1938 차녀 한영옥 출생

1940 장남 한인채 출생

1944 3녀 한춘자 출생

1946 부 한희승 남하

1946 차남 한경채 출생

1947 모 백금남 2남3녀와 함께 남하

1950 거제도로 피난. 박정희 소개.받음

1951~58 PX 운영

1952 4녀 한명순 출생

1955 5녀 한영순 출생

1956. 4. 2(음) 한희승 사망

1961 박정희 쿠데타

1963 박정희 대통령 당선

1964 모 백금남 이후락 만남

1965 한춘자와 김종찬 만남

1967 박정희 재선 당선

1967 모, 박정희 밀사 서정신 만남

1968 모, 김영삼 면담

1969 모, 구속

1969 박정희 3선 개헌

1971 박정희 3선 당선

1972 유신 개헌(종신 대통령 가능)

1974 육영수 사망

1976~78 한춘자, 복덕방과 찻집 운영

1978 모, 박정희 밀사 서정신 만남

1979 박정희 사망

1980 김종찬, 신군부에게 한춘자 통장 이관

1987~1990 한춘자 구속 수감

1991 모 백금남 중풍

1993 모 사망

1994 차남 한경채 실종

1998 구 안기부, 신 국정원 충돌

2000 서정화 윤증현 박주선 등 공증 후 먹튀

2003 박주선 보좌관 김광성 사망

2010 박주선이 한영순 명예훼손으로 고소

2011 윤제영 변호사 사망

2014 장남 한인채 사망

2015 조카 유홍창 사망
2021 차녀 한영옥 사망